JN273958

かわいくおごられて気持ちよくおごる方法

はあちゅう

はじめに　～恋が生まれる夜のために～

「女の子にその気がゼロだったら、間違いは絶対に起こらない」とは友人モテ女子の名言。

その昔、その美貌で数々の男子を骨抜きにし、二股、三股、ワンナイトラブも余裕でこなしていた彼女ですが、ある出来事をきっかけに「彼氏一本、浮気ゼロ」の超貞淑女子へと変貌をとげ、先日めでたく、超貞淑な妻になりました。そんな彼女に結婚前に「仕事柄、男の人と飲みに行くことも多いでしょ？　向こうから誘ってきたりしない？」と聞いてみて、返ってきたのが冒頭の一文です。

これには私、「まさにその通り」だと唸《うな》りました。向こうがどんなにやる気満々でも、こっちがやる気ゼロなのに試合をしかけてきたとしたら、それは完全に犯罪なわけで。女子側も相手を憎からず思っていて、お互いの波動が合ってこそ、男女は男女の関係に踏み込めるのですよね。

そんなわけで、恋が生まれるためには、まずどちらかが動き、それに相手がのる形で、二人三脚を始めなくてはいけません。紳士の皆様におかれましては、「草食」などと言われて自分でもそんな気になっていては全くダメで、気になる女子がいたら先手先手で動いてほしいですし、女子も待ちの態度ではいけないと、そんな風に思う今日この頃。

二人三脚の第一歩がお互いの相性を確かめるための「ご飯」であることは、間違いありません。

この本には、ご飯デートに悩む男女への私からのアドバイスをありったけ詰め込みました。ご飯デート初級者にとっても応用が利くように、具体的なエピソードやセリフを盛り込んでいると同時に、上級者には、ご自身のデートマナーの再確認をしながら、読み物として楽しんでいただけるよう、慎重にまとめたつもりです。

この本が、ご飯デートに臨む男女の何らかのきっかけになることがあれば、著者として大変嬉《うれ》しく思います。

CONTENTS

食事の場を大事にしてこそ、
恋も仕事もうまくいくのです。

初めての食事への誘い方

初デートは「新しい」と「楽しい」を準備せよ

デートのうまい人は、誘い方からしてうまいと思います。大ベストセラー『伝え方が9割』で、著者の佐々木圭一さんは「デートしてください」ではなく、「美味《おい》しいパスタの店があるから行かない?」と言うと、成功率が上がると言っていますが、まさにこの理論！　食べたことのないものや行ったことのない場所に、興味が湧く人って多いはずです。

吊り橋を一緒に渡った相手を人は好きになりやすいといいますが（吊り橋を

この欄は著者による副音声としてお楽しみください。

さらには「美味しいパスタの店」よりも「あのタ●リさんがお忍びで食べに行くカルボナーラを食べよう」のほうが強い目的意識が作られて、相手は誘いにのりやすいです。

渡る時のドキドキを、恋のドキドキと脳が勘違いするから。「吊り橋効果」と呼ばれます）、それと同じで、「初めての経験」を一緒にした相手は特別な相手だと脳が勘違いします。さらに、その時間が楽しいとその楽しさは相手が与えてくれたものだと錯覚。つまり、**初めてのデートでは「新しい」と「楽しい」を準備すればよいのです。**

まずは「新しい」。レストランを選ぶ時には、キャッチコピー一つで相手が食いつくものを選びましょう。最近、私がわくわくしたレストランのキャッチコピーは、例えば……。

・ミシュラン一つ星の「トマトすき焼き」
・昭和30年代の古い一軒家で食べる「とろろ鍋」

トマトすき焼きは、和食の代表であるすき焼きに、トマトというイタリアン

その他に私がわくわくしたお店のキャッチコピー→「劇場のようなレストラン」「あの●（有名人）が××（有名人）を口説いたお店」

な素材を入れてしまう、その発想からしてブラボーです。どうやって作るのかと楽しみにしていたら、なんと、オリーブオイルとニンニクを敷いた鍋に、トマトと玉ねぎと霜降りの美しいお肉（A4ランクの山形牛らしい）を投入。〆には、鍋に赤ワインとチーズを加えたタリアテッレが登場。

「すごいね！」「美味しいね」を連発しているうちに、あっという間にデザートにたどり着いてしまいました。

「自分といる時間を短く感じさせる」。これはデートの重要な要素かと思います。

　とろろ鍋に関しては、食べたことのない人にとってはビジュアルが謎だと思うので、相手に、「ググらないでね」と言っておくといいかもしれません。こう言うと絶対に相手はググってしまいますが、「ググらないでと言われたのにググってしまった自分」は「それだけ楽しみにしている自分」に自動変換され、ことが有利に運ぶ下地が出来ます。

　私自身も「ググらないで」と言われて、当然ググりましたが、そのビジュア

相手に時間を気にさせないためにも、会話に集中するためにも、お互いにスマホをフライトモードにするといいかと思います。

ルを見て、大変期待値が高まり、当日を楽しく迎えられました。こんな風に、待つ時間を楽しくしてくれる誘い文句も、嬉しいですね。

単に「美味しい鍋があるから食べに行こうよ」と言うよりも、よっぽどインパクトがあります。「新しさ」は、実際にそれを体験する時に「楽しさ」に変わるので、「新しさ」を準備すれば自動的に「楽しさ」まで提供出来る。

自分の誘い文句に「新しさ」はあるか。まずはそこをチェックしてみてはいかがでしょうか。

鍋といえばもつ鍋などのニンニクを使った鍋は、「一緒にニンニク食べちゃったね」という共犯感は醸成できますが、キスへの意欲は下がるので一長一短と言えます。

女性から誘う時のポイント

断られても心が折れないクッションと具体的選択肢を用意して

前の項は男子が女子を誘う前提で書きましたが、全ての男性が積極的でかつ自分に興味を持ってくれるとは限らない。どんな女子にも長い人生のうちに何度か、自分から誘わなくてはならないシチュエーションが訪れるでしょう。その際、重要なポイントが、二つあります。

まずは**自分が傷つかないためのクッションを持っておくこと。**そして、**引き際をよくすること**です。まず一つ目のクッションですが、断られた時に傷つか

異性を誘う時は深刻になればなるほど、相手は重荷に感じるので、あくまで軽くさらっと誘いましょう。明るく、優しく、断りやすく。

ない方法として一番いいのはお店のせいにすることです。

「ネットで話題のこのお店、よかったら一緒に行きませんか？」とか、「二人で行ったら、デザートがタダになるらしいんですけど今月、空いてませんか？」などとお店をだしにして誘うと、断られてもお店に興味がなかったんだな、と自分の心に逃げ場が出来ます。

この時の応用技として、具体的な話をすることをオススメします。テンパるとついつい「今度ご飯でも行きませんか？」などとぼんやり誘ってしまいがちですが、具体的にいつどこに、を提示したほうが人の心は動きやすいのです。「来週、焼き鳥食べに行きませんか？」という聞き方なら「来週はダメだけど再来週は？」とか「焼き鳥好きなの？」とか、会話が続きます。具体的にすると、ツッコミどころが出来るんです。「ご飯でも行きませんか？」では、YES／NOの二択になってしまい、NOの場合、次の展開のハードルが高くなります。


全ての会話は具体的に。例えば「かっこいいですね」ではなく「目がかっこいいですね」など一歩具体的にすると、「なんで？」と相手からツッコミをもらえて、会話が続きます。

心理学では、相手にNOの選択肢を捨てさせるために「来週ご飯行きませんか？」ではなく、「来週か再来週、どちらが空いてますか？」などと答えがどちらをとってもYESになるような質問をすべきといいます。このテクニックもありっちゃありなんですけど、小《こ》賢《ざか》しいテクニックを使って無理やりにご飯の約束を取り付けても、恋愛関係にはなりづらいと思うのです。

恋は無理やりに起こすものではなく自然に起こるもの。相手とご飯に行くのは、関係の入り口にはなるけれど、ゴールではありません。**無理やりにでも誘ってご飯に行けばどうにかなるという捨て身の思想を捨てて、やんわり誘って、ダメだったら諦めるという潔い姿勢も大事なのではないでしょうか。**男性は逃げるものを追いかけたくなる習性を持っているので、引き際のよさは、逆に刺激になったりします。自分から断ったくせに、あっさり引き下がられたら、「もっと粘り強く誘ってくれればいいのに」などと思うこともあるし、そう思ったら、きっと向こうから誘ってくれるはず。

友人の木下君は、合コンで「どの木下が好き？」という答えの選択肢が一つしかない質問をしていました。

ここまでは女子からのお誘いを前提として書きましたが、逆に男子からのお誘いの際は、一回誘ってお断りされても間隔をあけて、また誘ってみることをオススメします。女子の心は山の天気と同じくらい変わりやすく、「やっぱりあの時の誘い、オッケーしてもよかったかも」なんて後から思うことはよくあるのです。

とはいえ、自分から蒸し返すほどの勇気は無いし、プライドが傷つきます。だから男性は、女性の心変わりのタイミングを狙ってメールしてみると、案外うまくいくかもしれません。そんなわけで、まとめると**「男性を誘う時は引き際を潔く。逆に男性から誘う時は往生際悪く」**がデートお誘いの成功のツボということになります。

ちなみに「女子を誘う時は仕事で失敗した後か、失恋した後を狙え」とどこかの偉い人が言っていました。

口説くためのお店選び

イタリアン、フレンチ、和食……それぞれに合った口説きがある

デートの達人と呼ばれる人が、**「口説《くど》く時、女子大生ならフレンチ、20代前半ならイタリアン、後半ならエスニック、30代なら和食」**と言っていました。味覚及び価値観の変化を考慮した非常に的を射た格言な気がします。まあ、実際に口説く時、料理のジャンルごときで勝敗が決まるわけがないけれど、こういう「法則っぽさ」って、話題の一つとして楽しいですよね。

ここでは「30代なら」と言われた和食だけれど、和食のお店でしか出来ない

日本酒に詳しい女子大生は、たいていビッチです。

口説き方ってある気がします。

知り合いの50代男性から、すごく素敵な恋をしている話を聞きました。彼も、相手の女の人もお互いにもう結婚していて子供もいるから、一線は越えないのだけれど、異性としての「いいな」という友達以上の気持ちを二人で共有していて、定期的にデートをするそう。世間的に後ろめたいことではあるのでしょうが、本人たちのピュアっぷりが半端ないので、「そういう相手がいる生き方もいいな」と思わせる力があります。

そんな二人が、お互いの気持ちを初めて確認し合った時のやりとりがあまりに素敵で印象に残りました。どんな会話だったかというと、「あなたのことを素敵だと思ってしまいました」という男性側からのアプローチに対して、女性側は「私のほうが、あなたを好きになってしまいました」と答えた……という話。「あなた」と呼び合う関係性って、20代では到達できない領域の気がして、そしてこの敬語の使い方が、絶妙な距離を保っていて、まるで映画の中みたい

異性との接触回数はそのまま恋愛偏差値と比例する気がします。

……と胸がキュンとしました。すごく大人で、清らかで、いいな。

こういう会話は、和食のお店で繰り広げられていると、すごく様になる気がします。

別に同じ会話が、イタリアンやフレンチで行われていても問題ないっちゃ問題ないんだけど、やる人によっては、キザになる気がしないでもない。

何かの本に、**「イタリアンやフレンチのコースは情熱的なデザートで盛り上げて、恋人たちを熱い夜に導くけれど、和食は、最後に温かいお茶と果物を出してまったりさせてしまう。日本人が世界的に見て性に消極的なのは食文化のせいでは」**と書いてあったのを読んだことがあります。レストランと食べるものは恋愛の大事な舞台と小道具であり、気分やムードが大いに左右されるんですね。

席が近くてボディタッチをしやすいとか、店内の暗さやゆったりしたソファが寝室を彷彿《ほうふつ》させるから誘いやすいとか、そういう小手先のテクニックでお店を選ぶのも否定しないけど、**「こういう会話を相手としたいから、今日はここ**

既婚者の友人は年下男子とデートする日を「うるおいチャージデー」と名付けて、若々しさを保っています。

和食の豆知識。料理人さんの腕がいいと、タコのお刺身は「タコが生前に食べていた甲殻類」の味がするそうです。

でこれを食べよう」みたいなお店選びをしている人って、ちょっと粋な気がします。

ところで、先日、友人女子Aが、お見合いサービスで出会った人と初デートにこぎつけたそうですが、連れて行ってくれたのが「ラ・ボエム」で、店についた瞬間帰りたかったとのこと。時を同じくして、M菱商事の人との合コンに喜び勇んで行った友人女子Bがげんなりした顔で帰ってきたので理由を問うたところ、「会場がモンスーンカフェだったんだよね」と言っていました。

どちらもいいお店ではあるのですが、初デートや合コンで使うには少し知名度が高すぎて、女子的には残念に思っても仕方ない。チェーン店や、飲み会で学生時代に仲間と行っていた場所は、大人がデートや合コンで使う場所としては物足りないのです。どのお店を選ぶかで、女子のテンションは上がりも下がりもします。お店選びから勝負は始まっていることを男性の皆様は胸に刻んでいただければ幸いです。

一周回って、サイゼリヤでデートするのが、私の周りで局地的に流行っています。

海外転勤の多い商社マンは、比較的早期での結婚願望が強いので、30歳以上の商社マンには忘れずに既婚チェックするべし。

お店知識の見極め方

骨董《こっとう》通りも知らない男は、女子のエスコートなんて出来ない

「デートってご飯を食べることだよね」と、仲良しの美女が言っていて、ぽんと思わず膝《ひざ》をうちました。「それ、名言かもしれない！」と。

もしかしたら、私と彼女はご飯好きすぎるのかもしれませんが、たいがいの女子はご飯好きなわけで、映画やダーツなどのその他アクティビティは我々にとっては全て、ご飯とご飯の間のインターバル。オプションでしかありません。

全ての道はご飯に通ず、ではないけれど、やっぱり、メインアクティビティ

デートは誰と行っても3回目までは楽しい。お互いに一通りの持ちネタを話した後、4回目以降を乗り越えられるかどうかが肝。

はご飯なわけだし、そこをおろそかにする男子は無理だし、基本的にやっぱり「デート＝ご飯」と考えて問題ない気がします。

相手がご飯好きかどうかは、もうメールの段階でわかります。ご飯好きは、「お店、適当に決めておくね」なんて間違っても言わない。適当なんてありえないからです。「何食べたい？」「行きたいお店ある？」とまずはこちらの意見を聞いてくれ、ちょいちょいとやりとりをした後に、「じゃ、予約しておくね」となる。

食にこだわる人は、なんとなくお店を選ぶなんてことはしないのです。ミシュランなどのグルメ本か食べログ、あるいは信頼できる友人のオススメなどで、ちゃんとお店を絞っていく。確かに手間ではありますが、ハズレをひくよりはリサーチをしたほうが１００倍いい。エイヤッと適当に決めて、万が一美味しくなかったら、限られた人生の貴重な一食が無駄になってしまうのです。この感覚を共有できる人かどうか。ご飯好き女子は、そこにこだわります。

食べることは生きること。食べることに適当な人は生き方も適当です。

「ご飯の相性が二人の相性である」と美女はさらに続けます。彼女によると、「道に詳しくない人は、美味しいレストランを知っている確率も低い」とのこと。

彼女が以前、とあるイケメンとデートの約束をした際、「どこで仕事終わるの?」とメールで聞かれて「骨董通りらへん」と返信したら、彼は「それどこ?」と聞き返してきたそうです。

美女曰《いわ》く「**『骨董通りもわからない奴が、美味しいレストランなんて知ってるわけがない』**と思ったら悪い予感が当たった」そう。その時のデートでは、食べログ2.9のステーキ屋さんを指定されて、レビューが悪いだけで美味しいのかもという期待も一瞬で裏切られ、ステーキの肉は硬すぎて、店主は無愛想で、トイレまで汚くて、最悪だったそうです。彼女が彼と2回目のデートに行かなかったことは言うまでもありません。

もちろん、彼に対する不満は他にもあったことでしょう。おそらく、彼はが

タクシーでの道案内の時って「道を知っているか否か」が大きく試されます。

さつで女心を読めない人だったのだと思います。

でも、「デートはご飯」なんです。その日のデートのコンテンツはご飯だけなのに、その舞台になるお店選びが雑な人が、他でまめになれるわけがないんですよ。話もめちゃくちゃつまらなかったとのことでしたが、さもありなん。

告白してしまうと、実は私も「骨董通り」を最近まで知らなくて、骨董通り沿いの某レストランに、道案内をお願いする電話をしたことがあります。スタッフの方は道を知らない私に懇切丁寧に、骨董通りを教えてくれ……というのが理想ですが、実際は「骨董通りがわからないなら案内しようがないですね」と言われる屈辱的な体験をしました。あの時は本当に悔しくて、「二度とこんな店行ってやるもんか」と思いましたが、今になってみると、骨董通りがわからなかった私も悪い。

東京である程度社会人経験をつむと、246とか、骨董通りとか、明治通りとかアマンド前とか、「知らないほうが悪い」、一般常識として浸透している通

「ご飯の趣味が悪い人は、服の趣味まで悪い」の法則が私の中で出来上がりつつあります。

り名がいくつかあるものです。そこをおさえていない男性は、女子のエスコートに不慣れであり、レストラン選びのセンスも悪いというのは一理ある。**「道に疎《うと》い男は食に疎い」**。この意見は割と説得力があるのではないでしょうか。女子の皆様が男性を見る際の指標の一つにでもなれば幸いです。

美味しいものを知っている人、それについて熱弁出来る人は、大体いい人です。

下調べの重要性

デートの勝敗は席間隔に宿る

新卒で入社した広告会社では「飲み会（部会）のアレンジ」が新入社員の重大任務でした。お店選びと予約。たったこれだけのことに半日を費やしたこともあります。

まずは、予算。派遣社員や協力会社の人から参加費は取らないので、社員で割る計算で、高すぎず、でもご飯やお酒が寂しくないところ。

そして、場所。隣の定食屋では新鮮味がないけれど、あまり遠すぎない場所

社会人豆知識。年次ごとに払う金額を変えて、偉い人の負担を多く、新入社員の負担を軽くすることを「傾斜をつける」といいます。

であるべき。

そして、お酒の銘柄。飲料系担当者がいる場合、そのメーカーの商品があるかどうかを調べるのが広告関係者の基本動作。喫煙者も多いので、喫煙可能なスペースの確保も必須。ハンディキャップがある方がいる場合は、エレベーターがあるか&段差が無いかの確認。所属部署にはベジタリアンの方がいたので、コースの内容を一部変えてもらう交渉もしました。

そして、会話が気持ち良く出来るスペースの確保は何より重要。大人数の場合は、個室。少人数でも、隣の席が近すぎるお店はアウト。席の間隔に関しては、実際に場所を見ないとわからなかったりするので、飲み会前に、下見に行ったこともありました。

いくつものチェックポイントは先輩から継承します。これらは各部署で後輩に語り継ぐべき、大切な伝統でした。

楽しいご飯のためには、全てのポイントが大切なのですが、特に**デートで重**

社会人豆知識。お酒を注ぐ時、ラベルが相手に見えるように。

社会人豆知識。次のお酒は、今飲んでいるものがまだ少し残っている間に注文する。

要になってくるのは、「隣の席と適切な間隔があいていること」かもしれません。

ある時、デートで鉄板焼き屋さんに行ったら、隣の席とすごく近かったことがあります。そして、まあ、横の席の人たちの声の大きさときたら、伝説的でした。隣に座っていた私と、物静かな彼は、声を張り上げて喋《しゃべ》るのに疲れ、途中から黙々とご飯を食べ、「早く場所を変えましょう」モードに。

声が大きいだけならまだしも、お店の窓があいていたせいで隣の人の吸ったタバコの煙は全て私のほうへ……。

同席者には「吸っていいかな?」と聞いていましたが、その日の風向きのおかげで隣の席の私が大被害をこうむっていることに喫煙者本人、全く気付かず。音と煙は、防ぎようがない邪魔者です。自分の責任でないにもかかわらず、デートの印象を最悪にしてしまう可能性がある。デート上級者を目指すなら、音と煙にまで気を遣ってほしいものです。

隣の人のきつすぎる香水も地雷の一つ…。

音が聞き取れないだけでなく、相手を口説きたくても、隣の人の会話が筒抜けになるような場所では、素直に感情も出せません。**下調べが出来ない時は、お店の予約時にゆっくり会話をしたい旨を伝えたり、席のレイアウトを聞くと失敗しません。**

神は細部に宿るといいますが、デートの勝敗は、席間隔に宿ると言っても過言ではないかもしれません。

高級店との付き合い方

「焼きそばを食べに行こう」。高級店こそシンプルに使う

最近の高級レストランは、イタリアンとかフレンチというカテゴリーではなく、いろんなものが融合して、垣根がなくなってきているから、もはや「イタリアンを食べに行く」というよりは、「●●氏の料理を食べに行く」と言ったほうがいいというようなことをいつかどこかで読みました。

確かに高級なお店であればあるほど、味もお料理の構造もメニュー名も難解です。なんとかのなんとか風なんとか風味のなんとか添えなんとかとかんとか

の2種類のソースでとか、もはや覚えられないし、なんとかの部分の一つか二つは日本語でも英語でもなくて、もはや意味もわからず、「これってなんですか?」とスタッフの方に聞かざるをえなかったり。

そんな、フォークとナイフじゃかじゃか系レストランはたまに行くと楽しいけれど、毎回それがありがたいかというとそうでもないんですよね。自分のマナーや服装はお店の品を落としてないか、高級店に慣れていないことが、周りのお客さん及びスタッフの方にバレバレなんじゃないか……という尽きないドキドキ。

お皿の中身があまりにも凝っていてもはやアートなので、いちいち「美味しい」「すごい」のリアクションをしなくっちゃお店の方にも悪い気がしてしまって、「おいしー」とかテンション高めに言って、馬鹿みたいに見えてないか気になっちゃったり、自分の語彙《ごい》の乏しさに絶望したり。相手との会話よりも自分の見え方に意識がまわっちゃって、脳みそはてんやわんやです。

名前が難解な料理は、舌も追いつかなかったりしますよね。私は「苦いけどうまい」とかがよくわかりません。苦いものは、苦い。

美味しいことを伝える時に「美味しい」しか言えない自分が馬鹿みたいに思えるのもこんな時です。

確かに美味しいものは食べたけど、後から思い出した時に、何を食べたか覚えてませんの状態になる人って絶対、私以外にもいると思うんですよね。

私は、料理名がわかる食べ物に関しては、「あのお店で何を食べたよね」としっかりと覚えていることが多いのだけれど、料理名がわからないものに関しては強烈なインパクトがない限り、「なんだか高級なものを食べた」というぼんやりとした記憶にいつのまにかすり替わってしまい、「美味しかったこととすごかったことは覚えているけれど、一体あれはなんでしたっけ、はて?」となります。これって、せっかく高いものを食べたのにとても悲しい。

だから、**世の中の男性たちは、無理して旬のお店に女子を連れて行かなくてもいいと思うのです。**高級＝いい店、ではなく、美味しい＝いい店ですから。食事が「体験」になるようなレストランは記念日に行ければそれでよし。逆に**一回一回の食事の印象を強めるなら、シンプルかつ印象的なメニューが出てくる場所を毎回選べばいいように思います。**

そうそう、アナウンサーとグラビアアイドルとモデルの三股をかけるような

高級＝いいお店だと思っている人は、値段でしか物の価値が測れないので、幸せ感度が低いのです。

伝説的なモテメンの先輩が、デート戦法として「美味しい焼きそば食べに行こう」と言って焼きそばがある高級店に連れて行って落とすのだと言っていました。

「焼きそば食べに行こう」と言われると、ほとんどの人が気軽なお店を想像する。けれど、車に乗せられて到着するのは、まさかの高級店。「え、こんないいお店？」と彼の株が上がったり、同時に予想外の展開にちょっととまどっているところに、いいワインやらフォアグラやらのご馳走《ちそう》を投下。最後の〆で「ここは焼きそば美味しいんだよな」とようやく焼きそばが登場。これが彼の「裏の裏をいく〝はずし戦法〟」だそうな。

高級店にはそんな風にフルコースではなく、カジュアルな使い方もあるようです。いい店を普段使いしているかのようなその遊び慣れてる感じには、ドキドキしちゃう女性も多そう。高級店のちょっと粋な使い方を学びました。

「高級店があえてB級グルメに挑戦」をやりすぎて安っぽくなっている高級店を見ると悲しくなります。

行きつけのお店問題

どこにいても自分だけが特別だと思わせてほしい

大学生の時に付き合っていた人とラブラブで渋谷を歩いていたら、「あ、前から友達が来る！」と言われて、つないでいた手をぱっと離されたことがあります。友達に紹介するのは恥ずかしいという気持ちもわからないでもないんですけど、ちゃんと付き合っているんだから、自然にしていてほしかったな……という寂しさの後に湧き上がったのは、「この人、いざとなったら世間体を取る人かも」という被害妄想。まあ、行きすぎといえば行きすぎですが、こうい

男の人に接する時の3K「期待しない、軽蔑しない、希望を持たない」。

う時に「彼女です」と紹介してくれる人が理想だったので、この人とは長くないだろうという予感はその通りになりました。

いろいろな事情で付き合っていることを公には出来ない場合もありますが、基本的には、男性が堂々と「彼女です」と自分のことを紹介してくれるのは、嬉しいもの。**行きつけのお店で、「彼女連れてきました」とお店のマスターに紹介してくれるのもすごく嬉しいのです。**

一度、とあるお店で「彼女です」と紹介してもらったことがあるのですが、実はそのお店には前の彼女も同じように連れて行って、紹介していたということを聞き、悔しかったこともあります。自分だけが特別だと思いたいのに、特別枠からその他大勢枠に降格したような気分。マスターはニコニコと感じがよくいい人だったのですが、前の彼女と比べたかな？　私、何人目なのかな？と、心がザワザワしました。やっぱり、「特別なお店」には私だけを紹介してほしいという気持ちが湧くものですね。

恋愛って、不道徳であればあるほど、盛り上がるみたいですね。

お店に紹介されたいという気持ちと矛盾するかもしれませんが、実は、お店の人とはそこまで仲良くはなりたくない気持ちもあります。個人的に、お客さんと話し込みすぎるスタッフさんが苦手なのです。

とある有名人の方とご飯を食べに行った時に、マスターが私そっちのけでその人と喋ったり、サインをねだったり、あからさまに媚《こ》び売りモードになっていて、すごく居心地が悪かったです。一緒に行った相手は全く悪くはないのですが、それを許してしまう相手のことまで嫌になったのもまた事実。今のこの時間は、私とのデートなの？　それともお店の人との時間なの？　と悲しくなりますね。こういう風に、お店の人が二人の時間に立ち入ってくる場合は、「今、彼女との時間なので」と角を立てずにうまく伝えてくれる男性が素敵だと思います。

この場合は、お店の人が一方的に喋りかけてきただけですが、時に、お店の人と相手が、自分の入れない世界を作ってしまうと、とんでもなく悲しい気持ちになります。デートでそれをされた経験はさすがにありませんが、男友達と、

昔デートで行ったお店で、ウェイターさんが毎回会話に入ってきて、しまいにはクイズまで出してきてすごい嫌だったなぁ…。

ある時バーに行ったら、私にとって年に1回行くか行かないかレベルの縁遠い土地・吉祥寺の美味しいお店の話で、友達とバーのマスターが盛り上がり始めました。盛り上がるのはいいのですが、こちらに話を振ってくれるわけでもなくひたすら「あ、あそこ行った？」「あそこの何とかは絶対食べないとダメだよー」と延々と吉祥寺トークをし、終わる気配を見せなかったので、仲間外れにされたようで、気分を害してその場で寝ました。起きてもまだやっていて、さらに悲しくなりましたけどね……。

お店の人の態度や話への立ち入り具合、お店の人に対する振る舞いで女子のテンションは上がったり下がったりします。

お店のスタッフが、適度な距離を保って見守ってくれてプライバシーが守られるというのはデートのお店選びの重要な基準ではないかと思います。

一番いいのはお店の人がちゃんと「お店の人」であるお店だと思います。

オーダーを制す方法

レストランデートはメニュー選びまでが9割

とある女友達が、初デートは、遊園地やパーティーなどの非日常イベントがいいと言っていました。私はその意見には反対で、非日常での振る舞いは、お付き合いが進んでからじわじわと知ればいいと思うのです。

非日常の経験は、誰と行くかより何をするかが面白さを左右するので、気に入っている人とであればどんな人と行っても楽しくなるはず。むしろ一日に3回もある食事での振る舞いのほうがよっぽど重要です。食事の音がうるさいク

映画、ご飯、スポーツはドーパミンが出て恋に発展しやすいらしいですよ。

チャラーやマナーを知らない必殺仏箸《ほとけばし》男、タバコを手放せないニコチン依存症の方など、論外シリーズは省いた上で、相手の食事に対する価値観や習慣を観察するために、やっぱりご飯デートは欠かせないと思います。

そしてご飯デートの際、実は、デザートまで全ての動作を観察しなくとも、メニュー選びとオーダーの仕方だけでこの人が自分にとってアリなのかナシなのか、大体判定出来るように思います。大前提ですが、食べるために生きている私にとって、食事に執着の無い人とのご飯はあまり楽しくありません。「食べられればなんでもいい」「鶏肉と牛肉の味の違いがわからない」というような人とは、人生観がそもそも合わないと思うのです。

もちろん、毎食ファストフードやカップ麺などの不健康まっしぐらな人も嫌だし、逆に、体のためにプロテインとブロッコリーと皮なしチキンだけを日々摂取する人も一緒にいるのはつらいのです（蛇足《だそく》ですが、食事がジャンクすぎると、意見が合わないどうこうの前に、子作り的にも不安を感じざるをえません）。

食事のクセは10歳を超えたらほとんど矯正されません（著者調べ）。

私は食事に行く際に、下調べを欠かさない人間です。どこかに行く際、場所と共にレビューを確認するのがもはや習慣になっていて、行くお店をすでに別の誰かが決めてくれていたとしても、お店の看板メニューは絶対に食べそこねたくないので、必ず検索するか、人に聞いて「これは絶対に食べる！」と決めてから出かけます。

そして、お店に無事に到着した後のオーダーの仕方にも性格が出ています。お酒好きの方の中には、このお酒とこれを合わせて……と一つのものを食べ終えるまで、次のものを頼まない人もいますが、私は、お酒は少ししか飲めないので複数メニューを同時にちょこちょこつまみたい。だから、ある程度の品数を初めにオーダーしたいのです。

こういった下調べやメニュー選択の方向性に違いがあると、今後の食事活動に暗雲が垂れ込めます。

またこの世には、「ちょっとでも食べたいものは頼む派」と「確実に食べき

根拠は無いのですが食べ物の比喩に「ビロードみたい」とか「シルクみたい」とか布のテクスチャーを使う人は大体エロいです。

れる量しか頼まない派」の2種類が存在して、私は前者に属しています。量の予測を外して、最終的に食べきれないことがあったとしても、食べたいものは全部味見したい。気に入ったお店に通い詰めるよりは、新しいお店の開拓に燃えるタイプなので、「お店とは一期一会」だと思って頼むのです。

その他に、お腹《なか》の空《す》き具合や好き嫌いを聞いてくれるか、お店の人への態度にリスペクトがあるか、食べ物の好き嫌いが多すぎないか、食べログで知ったにわか知識を偉そうに披露したりしないか、ワインにまつわるウンチクを垂れてきたりしないか、などなどのポイントによって、オーダーが完了する頃には、この後の食事の幸先が良いか悪いかはある程度見えてくるのです。

理想は、希望を聞いてくれつつ、ほどよくリードしてくれる人。けれど、こうやって並べてみると、オーダーするまでに相手がどんなタイプで、自分と合うか・合わないかがかなり把握できることがわかります。

気合の入ったデートともなると、男性はこと、話題選びや自分の食事マナーが気になって、オーダー時の気遣いが手薄になることも予想されます。けれど、

男の人には無理なお願いではなく、出来るお願いをする。そうすると「もっとやります」モードになってくれる。

これだけのことを相手に見られていると思うと、**オーダーこそ手を抜いてはいけなくて、むしろここで手を抜くとその後の挽回《ばんかい》がかなり難しくなることがわかってもらえるのではないでしょうか。**「オーダーを制す者は、デートを制す」。

この言葉を読者の皆様に捧げます。

女性の皆様は是非「この人が、食卓にいたらどんな感じなんだろ?」と結婚後のイメージを膨らませたりしながら、男性のオーダー時の動きを観察してみてくださいませ。オーダーの仕方で特に気になるところがなければ、結構相性がいい相手かもしれません。

スピーチでは相手が聞きたい話をする。デートでは女子がしたい話をする。

男心の扱い方

服従させたくて振り回されたい男心

男性が自分にとって特別なお店に案内してくれるのって、嬉しいですよね。

そして、そういう時、ジェントルマンな相手ほど、「何でも食べていいよ」と言ってくれますが、この時**女性側が気を付けなくてはいけないのが、「彼にはたぶん、頼みたいものがある」ということです。**

この場合の「頼みたいもの」は、彼が食べたいものではなく、「彼があなたに食べさせたいもの」です。ここをうまく汲《く》み取れるかどうかが、いい女かどうかの分かれ道かもしれません。彼が足繁く通っているお店ならなおさら、イ

「何でもいいよ」って言う人が何でもオッケーにしてくれたためしがない。

チオシメニューやいつもの流れがあるはず。だけど、**世の中には「これ美味しいから食べてみて！」とストレートには言えない面倒な男性も大勢いるのです。**

以前、付き合っていた年上の彼はレストランに行くと必ず、「好きなものを食べて」と言うのですが、言われた通りに好きなものを頼もうとすると、「AとBが美味しくて、僕は今日はAにする」などとボソボソと言い始めるのです。それをさらっとスルーして「へえ。私はCにしようかな」と言うと、「Bは何度も食べてるけど、結構オススメだよ」などと強めに主張してきたりします。で、「じゃあ、Bにする」と彼のオススメを頼むと、満足げな顔に変わります。押しつけがましくなりたくないから、「Bにしなよ」とは言えないけど、本当はBの美味しさを味わってほしい……！　そんな複雑な気持ちを相手は抱えていたのだと思います。

世の中には、思っていることを口に出来ないこじらせ男性が意外に多いもの。

濃い食事が好みな人は恋愛でも粘着な傾向があります。

だから、行きつけのお店に連れて行ってもらう時は、「オススメは何？」とか、「いつもは何を食べてるの？」と自分から聞くほうが無難です。

そして、彼のオススメを頼んだ上で、「私、『アボカド』って単語が入ってると絶対頼んじゃうんだよね。これ、気になるから頼んでみてもいい？」など と彼が頼んだことのないものを追加してみるのも小技。そうすると、そのメニューがハズレだった時には「やっぱりあなたのオススメが美味しいね」と相手を立ててあげることが出来るし、アタリだった時は彼に、「おかげでこのお店の新しいお気に入りが出来た。二人で来てよかった！」と思わせることが出来る。

男の人は「彼女を思い通りにしたい」という気持ちと、「彼女に振り回されたい」という気持ちを同時に持っていたりします。このどちらも満たしてあげられるメニュー選びが出来れば、デートののっけから相手のテンションを上げられるように思います。

女子の本能に訴える言葉。1：濃厚→濃厚ココア、濃厚牛乳　2：生→生キャラメル、生うになど。

デブは見かけと同レベルの包容力を求められます。

誰が取りわけるか問題

相手に気を遣わせないのが気遣い

デートや合コンで、気がかりなのが「誰が取りわけるか問題」。これは小心者の女子を鬱《うつ》モードに追い込む重大な問題です。特に、大勢でのご飯の場合、「サラダを取りわけるのが女子力」という合コンにおいての暗黙の了解があるがゆえに、状況が複雑になります。

私のような小心者は、「ここでサラダを取りわけるのが私に与えられた役割だろうけれど、取りわけることで女子力をアピールしている、あるいは一人だけ好感度を上げようとしている計算高い女と思われ、逆に好感度を下げるので

結婚式で「友人の紹介で…」と言われるのはたいてい合コンですが、最近はお見合いアプリでの出会いも「友人の紹介」に変換されるっぽいです。

はないか」などと、深読みしまくってしまい手がスムーズに動きません。

そんな風に悶々《もんもん》と脳内で深読みの深読みを繰り返している間に、隣に座っている女子がぱっとためらいなく取りわけ始めて、「はっ、これこそが真のモテ力……」とダメージを食らったりするのです。そんな「どうしていいかわからない期」を通り越して、場数を踏んだ今の私は、「自然体を装って取りわけられる女子」というところまで成長できました。

目の前に来たら取りわけられる&相手がそれで気を遣ってしまう場合は、「じゃあ、セルフサービスにしましょうー」とナチュラルに言える。

でも、そんなエセ自然体女子な私に、深読みする隙すら与えないでくれるハート泥棒に、先日出会ってしまいました。

とあるスーパージェントルマンとのデートでのこと。サラダが運ばれてきた瞬間、取りわけるかどうか考える暇もないくらいの速さで、彼は自分のお皿に、ぱっとサラダをよそい始めたのです。「お腹減ってるのかな」とのんきな私がその様子をぼーっと眺めていると、彼はなんと、取りわけたお皿を「はい」と

合コンでオーダー役の男子は下っ端かお調子者の確率が高い。

私に渡すではないですか。そう、**彼は自分の分を取っていると見せかけて、私のサラダを取って、先に渡してくれたのです。**あまりにも感動した私は、「モテの免許皆伝」を彼に渡したくなりました。

真の紳士は、相手に気を遣わせる隙すら与えないくらいの気遣いを持っているのです。

ちなみにその方は、食事相手がトイレに行っている間に、お会計のためのカードをお店に渡すようにしているそうです。けれど、そうすると、トイレから相手が帰ってくる時くらいにちょうどお店の人から、サインを求められてしまうので、相手が負担に感じないように、「サインは帰り際にしますんで」とあらかじめ伝えて、出口でサインして出るそうです。そうすると、相手はサインしているところも見なくて、気を遣う必要がないとのこと。

もう、「すごい!!!」の一言です。こういった素敵な気遣いに出会うたびに、ご飯デートの真髄に触れた気になる今日この頃です。

領収書やレシートをもらわない人もいますが、忘れ物対策でもらっておいたほうがいいです。

グルメな人の注意点

彼氏になりたければ奉行になるな

ある日ある時、いい感じの男の人と焼肉屋さんに行ったら、肉の焼き方を正されてイラッとするはめになりました。私は焼肉好きのイメージを持たれることが多く、実際、大好きなのですが、実は焼き方や食べ方に強いこだわりがないのです。どちらかというと、「美味しく楽しく食べられれば、オッケー！」という、大雑把でこだわりの少ないタイプ。美味しいお店は大好きなのだけれど、食べる時は難しいことは考えずに、好きに食べたいんですよね。

ところが、世の中の焼肉好きには「お前の実家は肉屋なのか？」「むしろお

肉の焼き方にこだわりすぎる人って、器が小さいのではないかと疑ってしまいます。

前の前世は肉なのか?」と問い詰めたくなるほど、焼き方にこだわる人種が存在します。「東京カレンダー」の暗記なのか、はたまた肉屋さんのウケウリなのか、あるいは人知れず焼肉塾にでも通ったのか不明ですが、「そっちの火とこっちの火が均等じゃないから、網のこの部分に置かなくちゃ、肉のうまみが逃げる」とか、ごちゃごちゃ言いながら、私がせっかく置いた肉のポジションを直すような人は、もはや憎みたい領域。**こうるさい人とご飯を食べるとどんなに美味しいものもまずく感じられるのです。**

　私は肉は「よく焼き」派なので、生肉押し付け派閥も苦手です。別にレアが本気で好きな人をとがめる気はありませんが、最近は「生肉好き」がファッション化して、生肉の押し付けという暴力が横行している気がします。「これはレアで食べるのが美味しいんだよ」などとドヤ顔で言われると、「知ってて、あえてよく焼いてるんだよ」と喧嘩《けんか》をふっかけたくなるのです。とはいえ、そんな勇気もないので、「あ、ありがとうございます……」と黙って食すことしか出来ません。こんなにいい肉、よく焼いて味わいたかった……と人知れず涙

生肉とレバーとパクチーと牡蠣《かき》好きの選民意識をどうにかしてほしい。

を浮かべながら。

恋人にするなら、グルメ偏差値が似ている人が理想ですね。グルメレベルが高いと、どうしても「相手に一番美味しい状態で、食べさせたい」という欲が湧き、ついつい相手の食べ方にまで口出ししてしまうこともあるでしょう。それは、別に悪いことじゃない。愛情からくる行為です。

時に、それは新鮮で、「知らないことを教えてくれてありがとう」と感謝したくなりますが、そのレクチャーが毎回だと、自分の育ちや味覚を否定されているような気にさえなってきます。

知り合いの超グルメ男子が、「ミシュラン掲載店でしか食べないっていう自分ルールに彼女を付き合わせていたら、『たまにはファミレスでいいから！疲れる!!』って大喧嘩になった」と言っていました。

彼くらいのグルメは少ないとは思いますが、グルメを極めている人は、時には変態の領域に達しているのに、それに自分で気付いていないからこそ性質《たち》が

グルメオタクの「え？こんな有名店も知らないの？」っていうドヤ顔ほど憎らしいものはありません。

悪いのです。

美味しいものはきっとみんなが大好きだけれど、「美味しい」の基準は人それぞれだし、**楽しいと美味しいの順序がひっくり返ると、美味しいものも美味しくなくなってしまいます。**

男性のほうが、自分で作らない分、マニアックな食に走る傾向がありますが、美味しい食べ方を教えてくれる時は、是非とも相手の意思も尊重する形でお願いしたいと思います。

料理はしないけど燻製はするっていう男性とか謎すぎる。

デート中のスマホ

心が参加していないならデートなんて言わないで

某歌姫がヒット曲の中で「孤独はひとりぼっちよりも二人でいる時に感じるほうがつらい」というようなことを歌っていましたが、確かに二人でいるのに相手が携帯を触っていて、手持無沙汰《てもちぶさた》の時は、一人で携帯を触っている時より切なく感じます。同じ空間にいるはずなのに、相手の心はここになくて、取り残された気分。はっきり言ってみじめです。自分もスマホ中毒で、返していないメールがあるだけでそわそわしてしまうタイプなので、食事中でもついスマ

デートはお互いにおもてなし精神を持ち寄りましょう…。

ホを見てしまう相手の気持ちもわかります。そして、仕事のことや家の事情で余裕のない時は、こちらに気を遣って食事が終わるまでスマホをいじらないでいるよりも、むしろ心が落ち着くまで、メールを返すなりなんなりして、用事を終わらせてくれたほうが嬉しいです。でも、それが当たり前になるのは、ダメだと思うんですよね。**「このメール、急ぎだから返してもいいかな？」とか「ちょっと気になることがあるから、5分だけ携帯見るね、ごめん」などの断りが欲しいです。**

かかってきた電話に当然のように出る男の人とご飯を食べていると、「忙しい人の時間を頂いている」感覚になってしまい、申し訳なくなります。でもそれって変な話で、ご飯の約束をした時点で、相手も自分も平等に時間を持ち出すことは織り込み済みなはずですよね。

会話中に、スマホでメモを取ったり、検索する時も、一言「それ、メモしておくわ」や「今ググっていい？」と聞いてくれる気遣いがあるとスマート。その一言が無いと、メールやＳＮＳのチェックではないかと心配になりますから。

デート中のスマホいじりと髪の毛いじりは、相手の心をざわつかせるのです。

とある男性が、「女の子がご飯デートでトイレに立つ時にスマホをテーブルに置いて行くと、心を置いて行ってくれた気がして嬉しい」と言っていたのがすごく印象的でした。トイレに立ったフリをして、スマホのチェックをしているのでは？　と思わせない配慮ですね。

確かに、何気なく見てしまったメールに心が持っていかれちゃうことってありますから。スマホを触らないことで「今日のこのデートの時間は全てあなたのものだよ」という意思表示になるわけです。

私の場合は、以前、ご飯相手がスマホを目の前に出して「これから2時間、電源切るね」と言ってくれたことが嬉しくて、未《いま》だに覚えています。

その場にただ存在しているだけではなく、心がその場所にあることはデートの基本。それを態度で相手に伝えられるかどうかはスマホの扱い方一つにかかっているかもしれません。

デート相手がトイレに行ったのでツイッターを見てたら、彼がトイレからつぶやいてたこととかあった…というか、よくある。

相手をその気にさせる方法

「嫌い」を「好き」にさせたら、特別な人になる

人の価値観を変えるのは難しいのですが、だからこそ、誰かによって価値観を変えられた時、人はその相手を尊敬し、強い印象を抱《いだ》きますよね。私は「肉会」というサービスを以前立ち上げたことから「肉好き」としてのインタビューを受けることも多く、「肉好き」というイメージが友人以外にも知れ渡っています。なので、初対面の誰かとお食事に行く時もたいていの方はお肉の美味しいお店に誘ってくれます。

肉の部位で言うとシンシンが一番好きです。

ソーシャル焼肉マッチングサービス「肉会」http://nikukai.dmm.com

そんな私が、とある方と初めてのお食事に行く時、「フグは好きですか？」と聞かれました。うーん、嫌いではないですが、特に好きでもありません。正直に言うと、あまりそそられない……フグよりは安くても肉がいいと思うレベルで、フグの有難みがよくわからない人間です。

フグや松茸《まつたけ》に関しては、その値段分の価値をちゃんとわかる人が食べればいいと思っているので、「食べろと言われれば食べますが」レベルの私にはもったいない、と感じてしまいます。

高いお金を使わせておいて、肉のほうが美味しいな、なんて内心思うのは、逆に失礼にあたると思ったので、この時は正直に「フグはちょっと……」とお答えしました。普通はそこで「じゃあ、違うものを」となるはずですが、その方は違った。「フグの概念、変える店なんで」と言い切りました。

相手方がそこまでおっしゃるなら、私も、その提案にのろうじゃないか。そこまでハードルを上げてくるならきっと相当のものなのだろうと、期待値もぐんと上がります。

同様にトリュフとかキャビアとかも割とどうでもいいです。

そして当日、相手の方が連れて行ってくださったお店は、アクセスの悪い場所にあるにもかかわらず、首相クラスがお忍びで食べに来る老舗《しにせ》らしく、一見《いちげん》さんはちょっと入れないような雰囲気。予約も常連客でない限りなかなか取れないそうです。割烹着《かっぽうぎ》を着たちゃきちゃきした女将《おかみ》さんが、手際よくカウンターから出してくれるフグは今までに食べたことがないくらい肉厚のぷりぷりで、白子焼きは、中が濃厚なクリームのようで、最後の〆に出てきた毛蟹《けがに》大根鍋は後に、私の知っている一番グルメな先輩が「人生のベスト鍋」だと教えてくれたほど、濃くて深みがありました。

今までほぼ無味だと思っていたフグが、実はこんなに美味しいものなんだなってことが、私にとって新しい発見だったし、これまで避けていたジャンルだった分、ひれ酒などのフグ屋さんならではのパフォーマンスも新鮮に感じて、それがまた楽しくて。小娘一人では到底行けない、素敵すぎるお店なのに、相手の方の常連パワーで終始居心地よく居させてもらえたことにも感謝。

このお店、常連さんは皆1年後の予約をいれて帰るそうです。そういうの、素敵。

この技は、デートにインパクトを持たせたい時にいろいろ活用できそうです。たとえば相手がお肉好きであればあるほど、お肉のお店にはたくさん行っているから、どんなに美味しいお店に連れて行っても、「強烈」と言えるまでの印象は残せない。だったら「美味しいお肉を一緒に食べた人」の長いリストに名前を連ねるより、他のジャンルの圧倒的に美味しいもので攻めたほうが、その他大勢に圧倒的に差をつけられる。この時は、そんな「逆張り」の法則を勉強することが出来ました。

そういえば、私はお酒も結構苦手なので、今飲めるお酒は全部、教えてくれた人をちゃんと覚えています。

「苦そうだしアルコール強そう」という理由で飲まず嫌いだったモヒートを、「無理だったらあとは全部飲むから、一口だけ飲んでみ」って言って教えてくれたのもとある男の人で、そのおかげでモヒートが大好きになりました。

日本酒ヴァージンで、これまた飲まず嫌いだった私に、すず音《ね》というスパー

いい男友達は美味しいお酒を、いい女友達は美味しいスイーツを教えてくれます。

クリング日本酒を教えてくれたのも男友達。やっぱり「嫌いなものを好きにさせてくれた人」の印象って強いんだなぁ。

どうしたって年を重ねると、新しい経験が減るからこそ、それを味わわせてくれる男の人はきっと特別な「思い出の人」になるんだろうな。

相手の未体験ジャンルへの誘いは、その人の「苦手」と隣合わせだから、リスクをとるプレーにはなるけれど、だからこそ、成功した時の勝ち点が大きく、印象に残るプレーになるのだと思います。

今までにフグ、ラム、パクチーの概念を覆すお店には出会えたけど、まだレバーの概念を覆すお店には出会っていません。

他人の視線の受け止め方

夜の東京は、人生覗《のぞ》き見劇場。舞台にいるのだと自覚して

つくづく、東京で外食するって勇気がいることだと思います。銀座、六本木、恵比寿、麻布十番……一等地の話題のレストランは、もはやちょっとした劇場にさえ思えてくるほど。着飾った役者同士がお互いの人生をちら見せして、ちら見する。夜の東京は、高級店だけではなく、どんな居酒屋でも、見られる意識がお互いにある人同士のマウンティングの舞台だと思うんですよね。……と言うのも、最近行ったお店のカウンター席がフルオープンキッチンで。コの字

マウンティングとは一言でいうと「ボス猿争い」です。

形に組まれたカウンターだから、向かいや斜めに座ったカップルの挙動を、食べながらしっかりと観察出来たんです。

コの字の中央では、コックさんたちが何かを切ったり、フライパンを忙しく動かしたり。その光景は、食べている側を楽しませる風景になるわけだけど、実は**客席も見られてるんですよね。**黙々と作業をしているように見えるコックさんたちも、向かいに座っているカップルも、口には出さなくても、様々なことを考えているに違いありません。

このフロアの今日の主役は誰かな、と、ランク付けをしてみたり。実際、開かれた調理場からは驚くほど、客席がよく見えますから。

もちろん、客席間での観察し合いも結構なもの。

その日のそのレストランでは、年上の男友達がご馳走してくれたのですが、こちらは緊張感がない関係なだけに、向かい側の、会って間もない雰囲気を醸し出しているカップルを余裕をもって観察していました。

「あの男の人、すごい前のめりだねえ。女の人が引くくらい口説いてる」と連

無口なコックさんほど、口には出さないいろいろな主張を抱えているんだろうなあと思ってしまいます。

れが何気なく茶々をいれましたが、こういう時に目がいくのはどうやら同性のよう。彼がカップルの男性のほうを観察している間、私は、女性をちら見で観察していました。

この人、あの男の人が好きなんだろうか。それとも、お付き合いで渋々来てるんだろうか。……そういうのって、なんか同性同士だとわかっちゃいますよね。この時は、少なくとも女性はお付き合いで仕方なく来ているように見えました。だからこそ、男の人の積極性と彼女の態度が対照的で、強いコントラストが目に焼き付いたのかもしれません。

向こうは向こうで、話題にはしないまでも、私たち二人の関係性や、外見偏差値を推し量っていたのかも。食事中の会話の隙間の暇つぶしに。

でも、それだって、外食の楽しみの一部だと思うんです。はっとするほど美しい人や、幸せそうなカップルに憧れたり、わけありげなカップルに想像力をかきたてられたり。**何を着て誰とどこに行くかによって、その日どんな役を演じるかが変わるから、東京の夜には、飽きないのかもしれません。**

外食をし慣れている人と慣れていない人って顕著にわかりますね。

人に見せる部分なんて、全部コスプレだと思ってます。

好きな食べ物・嫌いな食べ物

小さいことを覚えていてくれる人ほど大きな存在

先日、会うのが2回目のイケメンに、「あれ？　この間より、なんか小さく感じるなー」と言われて思わずドキッとしてしまいました。まだ1回しか会ったことがないのに、身長まで覚えていてくれましたか！　という嬉しさ……。

確かに、初めて会った日はヒール靴をはいていて、2回目に会った時は、ぺったんこ靴だったのです。でも、毎日、大勢の人に会うであろう彼が自分のことを覚えていてくれて、しかも身長という細かい情報まで記憶に残してくれて

「こんなところまで覚えてくれてる！」は、相手が好きな人なら「嬉しい！」、嫌いな人なら「きもい！」になります。念のため。

いたというのは、なんだかうぬぼれたくなるほど嬉しかったです。自分に関しての情報を覚えていてもらえるのは、小さなことであればあるほど、トキメくんですよね。

そして、特に食事の好き嫌いを完璧に覚えていてくれる相手なら、私と今後、複数回食事に行く意思があるから覚えてくれたんだなと思えて、うっかり意識してしまいます。

この本の中でもしつこいほどに述べていますが、私は焼肉が大好きです。ただ、焼いた肉は好きだけれど、ホルモンは食べられませんし、実は焼肉で一番最初にみんながオーダーする、タンも苦手なんです。

この細かい嗜好《しこう》を、2回目のお食事までにものすごく間隔が空いていたにもかかわらず、しっかり覚えていて、私に合わせた肉メニューをオーダーしてくれた友人とは、思わず結婚したくなりました。

嫌いなものではなく、逆に、好きなものを覚えていてくれた時の嬉しい記憶もあって、男友達に何かの際にぽろっと、「スイーツではシュークリームが一

ホルモンは、25歳になったら突然食べられなくなりました。食の趣味って変わるんですね。

番好き」と言ったら、お土産《みやげ》に有名店のシュークリームを買ってきてくれたことがあります。

たまたま店の前を通って、自分の分を買うついでだったらしいのですが、買ってきてくれたことよりも、そんなふとした一言を旅行中に思い出してくれたことが嬉しすぎました。彼とは恋愛が始まるような関係にはなく、仕事相手だったのですが、この一件で優しい人だな、と強く印象付き、「きっと家庭でもいいパパなんだろうな」と奥さんが羨《うらや》ましくなりましたね……。

女性はよく優しい人が好きと言いますが、優しいというのはつまり、まめに相手を気遣うことで、そのまめさは記憶力なしには成立しないように思います。

友人の中に、絶対に友達の誕生日祝いの幹事をしてくれる人がいるんですが、そういう人って、誰がいつ誕生日かっていうのをどんなに忙しくても忘れないんですよね。それはやはり、記憶力のよさに他なりません。**行動に表れない優しさなんて、自己満足でしかありません。**まめさが行動に表れ、人目に触れた時、それは初めて優しさと呼べるのではないでしょうか。

誕生日をよけて予定を組んでいた時のドーナツ化現象ってすごくつらいです。

相手の食の好みを覚えるというのは、最も簡単に相手にまめさを印象付けるテクニックの一つかもしれません。逆を言うと、女子側も気になる相手の食の好みは、しっかりおさえておきたいですね。他のことは忘れても、嫌いな食べ物、好きな食べ物をばっちりおさえておけば、相手をケアしている雰囲気を醸し出すには十分なはず。他の情報よりも確実に活用する機会は多いですから。「好き嫌いを制す者はご飯デートを制す」という法則を、次のデート前に思い出していただければ嬉しいです。

今彼と元彼の好きな&嫌いな食べ物情報がごっちゃになった時ほど気まずいものはありません。

ベッドへの持ち込み方

かっこ悪く口説く人こそかっこいい

明確に友人、あるいは仕事での上下関係が無い限り、二人きりで食事に行くというのは、少なからず「相手に興味がある」状態です。これは遺伝子レベルの恋愛ルールだと私は思っているので、知らなかった人は、まず自分が人間かどうか疑ったほうがいいと思う。そんな大前提がある上で、**食事をきっかけに男女関係の最終局面に持ち込める男と持ち込めない男の違いは何か。**

それは、「女子に言い訳を与えているかどうか」、この一点につきます。

タバコを吸う女はヤリマンだってAV業界の人が言ってたのが妙に頭にこびりついています。真偽のほどは不明。

モテる美人の友達が、とあるイケメン俳優さんに何度か口説かれているんですが、その方はいつも2軒目のバーで「この後どうする？」と聞いてくるらしいのです。「どうする？」とストレートに言われたら、よっぽどじゃない限り、女子は「そろそろ帰ろうかな」と言うしかありません。「別に誘われたら、ついて行ってもいいんだけど、自分からガツガツいくほどでもないからな～」とモテ女子。

彼は「え？　まじ？」的なびっくり顔をしつつも、絶対に「俺の部屋に来てよ」と自分からは言わないそうです。若い頃からモテまくっていた彼は、恋愛偏差値を上げる機会が無かったのでしょう。強引にいかない品のよさは評価されてよいのかもしれないけど、ある意味、臆病すぎて損してるよなぁ。このまま彼が変わらなかったらこの先の進展は確実にありません。その点、昔モテなかった人ほど、「どうやったら女子は俺についてきてくれるか」を研究しているので、こういう時にきちんと自分から誘えます。天才型が努力型に負ける好例と言ってよいかもしれません。

芸能人を落としたい場合は「ファンです」と言うより、「知ってるけどよくは知らない」レベルを装うほうがハードルが下がります。

女子がサインを出している時は、男性はそれを敏感に受け止めて、リスクを負ってほしいですよね。断られた場合のかっこ悪さも引き受けてこそ、男だと思うんです。正々堂々と誘ってくれたほうが男らしいもの。実際、男女の関係にならなくても、誘ってくれなくてもやもやする人よりよっぽどいいと思います。

女子は、喉元《のどもと》まで「朝まで一緒にいたい」と出かかっていても、女子であるがゆえにためらいが生じます。でも、「彼のほうから誘ってきた」という言い訳さえ成り立てば、女子だって勇気を出せるので、とにかく男性側からなんとしてでも誘ってほしいんです。**この際、誘い方なんて大した問題ではありません。むしろバカバカしいくらいのほうがいい。**

簡単なクイズをして「出来なかったらうち来てよ」でも、「冷蔵庫にもらいもののプリンがあるんだよね。食べられないから持って帰らない？」でもいい。

モテる人は大体ここで女子を笑わせる能力があります。

「俺、B専だから！　BまでしかしないっていうB専だから大丈夫!!」

「うちにめっちゃ美味しいコーヒーがあるんだけど」という古典的口実すら未だに通じる。口実ってほんと、何でもいいんだと思います。

「今日は何もしないって誓う。その代わり、明日までいてほしい」

「来たら帰さないけど、来ない？」

もはや明確に「今夜やりましょう」と誘っていますが、**気になる人に好意を示されてうんざりする女子はいません。**むしろ決定打を言わないで、うじうじしている人のほうが取り扱いが厄介《やっかい》ですから。

ちなみによくおモテになる某先輩は、ホテルの前まで連れて行って「絶対に何かするから！　何かするから、大丈夫だからホテル行こう！！！」と言うそうです。

そう言うと、「バカ、何言ってんのよ」とか言いながらも女子は楽しそうについてくると。

ギャグっぽく誘われたら「何言ってるの～今日は帰るから」とはっきり断っても、角が立ちませんよね。その断りやすさと明るさが女子の心を軽くするんです。逆に、深刻になればなるほど、こういうのってうまくいかないものです。

恋愛はその場のノリが全てですから。


「お願いだから1回やらせて」と道で土下座して成功した男の人を一人知っています。

男性側も勇気がいるかもしれないけれど、プライドの高い男子が自分のために、かっこ悪いところをさらけ出す瞬間に、女子の気持ちはほぐれます。**なかなか決定打が言えない男子は、是非とも「言えないより、言ったほうが双方楽になる」ということを覚えておいてくださいませ。**

セックスのタイミング

何度目のデートで体の関係を持つか問題

1回目のデートで体の関係を持つのは早すぎるとか、3回目ならどうかとか、とかく、体の関係を持つタイミングにこだわる男女は多いのですが、タイミングにルールがあるなら、統計が出て、そこらじゅうの雑誌が答えを提示してくれているはずです。そんなルール、あるわけない。

恋愛は相手との独自ルールを築くゲーム。統一ルールを求めて恋愛マニュアルを読み込んでいる人は、その研究は全て無駄だということに気付いたほうが

よいかもしれません。

1回目だろうと3回目だろうと、付き合ってから関係を持つまでに1か月かかろうと、うまくいく時はうまくいくし、ダメになる時はダメになります。逆に言うと何回目のデートで誘うかを極度に気にする人は、ダメになった時にダメになった理由をタイミングのせいにする思考癖があるということ。1回目のデートで体を許したからといって普段の言動がしっかりしていれば、軽い女とかチャラい男だと思われる心配はありません。逆に、3回目や4回目という数字に何の根拠があるのでしょう？　**お互いの気持ちが重なった時ならいつでも、ちょうどよいタイミングではないでしょうか。**

ただし、体の関係に行くのは早いほうがいいか遅いほうがいいかというと、私は、早いほうがいいと思います。もちろんこの場合はお互いに自立した大人であることが前提条件ですが、体の関係を持つことのメリットは心の距離まで近くなったように感じ、腹を割って話せるようになること。

ブスに限って何回目のデートで許すかにこだわるって友達のモテメンが言ってました。

セックス前にデートに5回行くよりも、セックス後に1回デートするほうが相手をよく知れる気がするので、出し惜しみにあまりメリットはありません。

これが高校生なら「相手のことが本気で好きか、よく考えなさい」と止めますが、もういい大人同士であれば、体の関係は、今後のお付き合いに必要なコミュニケーションの一つですから。

このタイミングを誤って、出し惜しんだ結果、失敗する例をよく聞きます。友人はご飯デートのたびに、何度も彼からゆるやかなお誘いを受けていたにもかかわらずかたくなに関係を拒み続け、ついに6回目のデート後、デート自体に誘われなくなってしまったとのこと。

お誘いがなくなったことには他にも理由はあるのかもしれませんが、**恋愛というのは何よりタイミングが大事です。自分も相手もフリーで、相手に気持ちが向いている時というのは、奇跡のような一瞬なのです。**

その瞬間を逃すと、恋人ではなく友達の関係性になってしまったり、別の気になる人が現れたりと、なんらかの不都合が発生します。二人の目の前に「恋

出し惜しみしすぎると求められなくなるの法則。

愛」という道が開いているのは一瞬だと思ったほうがいい。

自分の気がのらない時は、もちろん無理する必要はありませんが、お互いに気持ちが重なり合っている時に、テクニックに引っ張られて、無理に自分を押し殺す必要もない。この問題に関しては、**自分と相手の心が重なった時がベストタイミング**で、ルールなんて無い、が私のアンサーです。

恋愛は総合格闘技で、武器さえ使わなきゃ何でもオッケーだって先祖に教わりました。

セクシーな会話術

下ネタは質問返しで切り抜ける

恋愛を意識したデートで話題になりやすいのが元彼や元カノのこと。過去の恋愛の話はお互いの恋愛への理想や不満が浮き彫りになるので、知っておいて損はありません。

ただし、気を付けたいのは経験人数や性癖などいわゆる「下ネタ」と言われる領域。

「セクシー」と「下品」は紙一重なので、ここは、恋を実らせるためにも「セクシー」を目指したいところ。下品ではなく、**セクシーになるにはどうしたら**

「恋愛が一番性格が出るから、履歴書には恋愛遍歴を書かせたほうがいい」って偉い人が言ってました。

いいかというと、個人的な経験を事細かに語らないことです。サービス精神旺盛、かつ真面目な女子は、これからの彼とのお付き合いを考えるにあたって、あらゆる情報を提供したほうがいいのではないかと勘違いしがちですが、**恋愛の経験談は税金の申告ではないので、そんなに何もかも明かさなくていいのです。**

聞かれた場合は一般論で返したり、「あなたは?」と相手に質問を返したりしつつ煙に巻くのがいいでしょう。

「会話で困った時は常に質問返し」

このテクニックを是非フル活用してください。結末を知った映画がつまらなくなるのと同じで、恋愛は「この後どうなるんだろう?」「相手は何を考えているんだろう?」を徐々に解き明かしていくのが醍醐味《だいごみ》。

謎がなくなって、予想の確認作業になると途端に色あせてしまいます。付き合ってから、お互いに明かす領域を残しておく意味でも、下ネタは最後の砦《とりで》な

異性に聞かれて困る質問ナンバーワン:「何歳に見える?」(著者調べ)

のです。自分のことだけではなく、元彼の情報提供においても、慎ましやかになるに越したことはありません。

友人に、元彼たちの性癖を面白おかしく話す女子がいます。笑いを取れるので飲み会では常に主役ですが、その後の男女的な進展は全くといっていいほどない。それは、彼女の大っぴらすぎる大暴露に、男性が「何かあったら俺も言われるのではないか」と及び腰になってしまうから。下ネタ領域の質問は相手の想像力をかきたてる範囲で答えるのが無難。

微に入り細を穿《うが》つ親切回答は、恋愛のチャンスをつぶしてしまうかもしれません。

なんだかんだで、1回お手合わせしたい人と、ずっと一緒にいたい人は違うのです。後者を狙うなら品は保ったほうが無難。

ご馳走してもらったら

ご馳走様は最低4回言うべし

デートで、相手がお会計を持ってくれたのなら、「ご馳走様」と言うのは人間として当たり前の行動です。だから、おごられ直後の「ご馳走様です」を言わない人は、おごられて当然と思っている傲慢女で人間失格だと思われても仕方ない。

1回目の「ご馳走様です」は絶対に絶対に忘れちゃいけません。

そして、2回目のご馳走様は、お店を出た時に言いましょう。お会計の後、帰る準備をすると、少し時間が空くので、お店を出た後に感謝の気持ちを改め

最近聞いて目からウロコが落ちたのは「よく女子がお茶代はおごるって言うけど、年収高い人が食事おごるのと年収低い人がお茶おごるのはワリカンやと思うねん」。おごられ慣れている人は発想が違う…。

て言葉にすると、より伝わります。

これを「ご馳走様重ね《がさ》」と私は呼んでいますが、感謝を何度も口に出すことで「あ、いい子なんだな」と思わせられるのです。「300円のコーヒー一杯くらい、おごって当然でしょ。相手は年上なんだし」と心の中で思っていたとしてもちゃんと「ご馳走様」と言うべきです。

万が一、お店を出た後に言いそびれてしまっても、帰り際にもチャンスはあります。

駅の改札で、あるいは別々の道に分かれる路地で、あるいは相手もしくは自分がタクシーに乗り込む瞬間に「今日はご馳走様でした。ありがとうございました」と言う。

これはクセにしたほうがいいでしょう。バイバイ、と手を振ると同時に、「ごちそうさまでした〜」と反射的に言えるようになると苦労しません。

男のデブ、チビ、ハゲは上司に好かれるらしいので、ストライクゾーンでなくても「出世の可能性がある人たち」と思って接するが吉。

そして3回目のご馳走様は、「遠距離ご馳走様」です。帰ったその日でもいい。翌朝でもいい。とにかく、次に相手にコンタクトをとるタイミングで電話やLINE、あるいはメールで、「さっきはご馳走様でした」or「昨日はご馳走様でした」などと伝えましょう。

人間は、同じことを2回聞くと覚えて、3回聞くと忘れないそう。だから**「ご馳走様」は3回で1セット**です。受けた恩の大きさ以上に恩義を感じる、義理堅い人間だということが印象付けられる秘技・トリプルご馳走様の法則がここに完成しました。

ただし、この本を読んでいる読者の皆様にはさらに上のレベルの「奥義」を授けたいと思います。

そう。この世には4回目のご馳走様が存在するのです。フィギュアスケートでは4回転ジャンプを跳べればオリンピックですが、ご飯デートにおいてのオリンピック級は、4回目の「ご馳走様」が言えるか言えないかにかかっている

広告業界でもよく「コンタクトポイントを増やせ」って言います。新商品も3回くらい見たら欲しくなりますよね。

かもしれません。

4回目のご馳走様は、いつ言うか。

答えは、「お会計から、お店を出るまでの間」です。ただし、ここで言うご馳走様はおごってくれた相手にではなく、お店の方へのご馳走様だということがポイントです。

この時の「美味しかったです。ご馳走様でした」はお店の人に感謝を伝えながら、お会計負担者にも感謝を伝えられる一石二鳥の「ご馳走様」なのです。

これにより「礼儀正しい子だな」という印象と「お店まで気に入ってくれてよかった」という満足を相手に植え付けることが出来るでしょう。

礼儀正しく、義理堅い人間にはまたご馳走してあげようと相手も思うはずです。**4回のご馳走様は、次のデートへの布石になること間違いありません。**

元銀座ホステスから聞いたプレゼントの技。「家族で使えるものをあげると奥さんを敵に回さない」。

次の約束を作る方法

「一緒に行きたいリスト」を作れたら恋は叶う

「約束を作る」というのは恋愛を発展させる上での必須ルールです。中でも「次のご飯」の約束は鉄板中の鉄板。お互いに探り合いの状態でも、「次はこれを一緒に食べに行こう」という約束はしやすいですよね。

女子は基本、食べることが大好きだし、食欲と性欲は比例するので、恋愛っけの多い男子は食べることか飲むことのどちらか、あるいはどちらにも貪欲。かくして、ご飯を食べる約束は、「映画に行こう」「キャンプに行こう」などの

甘えるというのは深刻にならないくらいのわがままを言うことなのに、たまに深刻なわがままを言ってる女子を見てひやっとします。

提案に比べて、格段にハードルが低いわけです。

だから、男子は、決して歩くミシュランになる必要はないけれど、女子を魅了する自分なりのラインナップを持っていると、恋愛において有利に立てます。そして、**相手を誘う際に、「また今度」と言わせないためには、期間限定でしか食べられないものや、旬のものをいくつかそのラインナップの中にいれておくと、いいかもしれません。**

例えば、花山椒鍋という、春の一時しか食べられない鍋があります。小さな山椒の花を、開花寸前に手摘みで収穫することから、数週間しか採れない貴重な食材、花山椒。その花山椒がたっぷり入った鍋に上質な牛肉をくぐらせると、清涼感たっぷりで絶品。……とここまで、まるで食べたことがあるかのように書きましたが、年上の友人にそっくりそのままのセリフで先日教わり、初めてその存在を知りました。そして、「行きたいな」と思いつつも、結局友人と日程の都合をなかなかつけられないまま、気が付いたら季節が終わってしまっていたのです。

「夏季限定」「冬季限定」なども有用です。夏ならビアガーデンがオープンすることや、冷やし○○が始まることもご飯に誘う立派な理由になることでしょう。「冷やしラーメン」「冷やしカツ丼」などちょっとネタになるようなものなら、女子の好奇心を刺激すること間違いなしです。秋ならジビエ、冬なら鍋など、季節限定品のラインナップには事欠きません。

旬のものを適度に交ぜつつ、他のラインナップもちらつかせ、行きたいリストを彼女と制覇することをレギュラー行事化すれば、自動的に相手との距離もどんどんと近づきます。

最近はＬＩＮＥでやりとりする人が多いと思いますが、ＬＩＮＥには「ノート」という便利な機能があります。グループでも個人でも使える機能なのですが、ここに書いておいたことは、後から「ノート」ボタンを押すと、すぐに見られて非常に便利。

会話が盛り上がると履歴がどんどん更新されてしまうので、やりとりの中で見失いがちな、待ち合わせ場所や覚えておきたいことは、この「ノート」機能

豆知識。秋の味覚「銀《ぎん》杏《なん》」は食べすぎたら死にます。子供7粒、成人40粒以上は危険ゾーン。

日常会話はどんどん流れていくからこそ、覚えていてくれた人を特別に感じられるんですよね。

を使うといいんです。そして、オススメなのが、二人で会った時に「行こう」「食べよう」「やろう」と約束したものをこの「ノート」に書いておくこと。こうすると、うっかりしばらく連絡が途絶えてしまっても「このリストの二つ目、行かない？」と気軽に誘えて、そこからまた関係を更新していけます。

スマートに次の約束を取り付けるためには、自分に会うことプラスアルファの楽しみを相手に提供するべし。それを繰り返せば、いつしか、会うこと自体のプライオリティーのほうが高くなる日もくるかもしれません。

最近はＬＩＮＥに「Keep」というこれまた便利な機能がつきましたね…！

友人の出来る男は、デートで行った＆行きたいお店をエクセル管理していました。

年上男性との付き合い方

20代女子のご飯偏差値は不倫で作られる

この間、恋愛系の取材の時に「不倫なんて、女子大生から社会人3年目までの間に絶対に1回は経験しますよ。全ての女子が通る道ですよ」と言ったら、すごく驚かれました。まぁ、不倫といったら問題があるかもしれませんが、既婚男性と、ご飯に行くくらいのことは誰でもやってるんじゃないでしょうか。別にエロい目的ではなく、ＯＢ訪問やらなんやら機会はいくらでもありますよね。

不倫＝恋愛偏差値をアップさせるものだと思う女子がいるとしたら大いなる勘違いです（たまにいますよねそういう人）。

そういう**年上の男の人とのご飯によって、女子はいろいろな初体験と出会います。**いいワイン、和食に合わせる日本酒、水割りの作り方、カウンターの鉄板焼き、2軒目のバー、フグや天ぷらのコース、ちゃんとした鰻屋《うなぎ》さんで食べる鰻、お寿司にガリで醤油《しょうゆ》を塗ること、お蕎麦《そば》屋さんでゆっくり飲むこと、ホテルのカフェの一杯1000円とかするコーヒー、食後に出てくるチーズ、デザートのワゴンサービス……。

数え上げればきりがないけれど、私は、「テーブルを埋めるためにご飯を頼む」という習慣を知った時に、「これが大人のお金の使い方か……!」とドキドキしました。

ここぞというレストランに行った時に「食べきれなかったら残していいからね」と味見のためにご飯を頼んでくれたり、お腹がいっぱいになった後のバーで、「テーブルが寂しいからつまめるものを」という理由で頼まれるご飯は、

「蕎麦味噌《みそ》」というものを知った時、「一歩大人の階段を上った……!」と感動しました。

「レストランはお腹を満たすために行く場所、そして残さず食べる場所」と思っていた女子大生初期の私には無かった考え方で、ご飯というのは、時にはエンターテインメント、時には舞台装置なのだという、新たな価値観を得たのです。

もちろん、食べずに捨てるわけではなく、あったら食べちゃうのですが、「テーブルに何もなくて寂しいから、何か頼もう」と言われてから頼むと、食事が、食べるだけのものではなく、場を彩る役割を持つものだと新鮮に思えました。

女子にはある時期、そういうあれこれを教えてくれる人が現れる気がしていて、ご飯偏差値を同い年で比べた場合、20代後半まではたいてい女子のほうがいいものを食べてきていて、お店にも詳しかったりします。

それが、30代になると男性がある程度稼いで、自由にお金を使えるようになったり、仕事の会食が増えたりして抜かれるんですけどね。

以前勤めていた会社の後輩男子が、「焼肉屋さんでの焼肉」に行ったことが

いろいろつまみたい時に「残してもいいから、食べたいもの全部、悔いの無いように頼んで」って言ってくれた男の人に惚《ほ》れた。

無くて、タン塩にはレモンということを知らずにタレをつけそうになった、という話が飲み会のネタになったことがあったけど、20代前半の男子ってそういうものな気がします。

男子が付き合いたいような美人さんにはやっぱりご飯偏差値が高い人が多く、彼女たちをエスコートしたいという気持ちが仕事のモチベーションになる人もいて、そのおかげで、ご飯偏差値の高い女子が生まれ、その子たちを落とそうと、また男性が頑張る……。

そんな生態系の循環に気付き、「ご飯って世界を回しているんだなー」と思う今日この頃。いいレストランは、間違いなくいい男といい女を作っています。

ご飯偏差値が高すぎると、お嫁に行き遅れるという説もあります。

手土産の効用

プラス数千円で彼女と家族を同時に落とす方法

結婚適齢期の女子の場合、デートで相手を見極める際に、「いい旦那さんになってくれるだろうか」という目線がどうしても入ってきてしまいます。その「旦那さん」という単語には二つの意味合いがあって、一つは、子供が生まれたとしたら子育てや家事に参加してくれるかどうかの「いいパパ」目線。もう一つは、「うちの家族と仲良くなってくれるかどうか」という「いい娘婿」目線です。結婚するということは、お互いの家族とも絆《きずな》が出来るということ。自

「衣食住のスタンスが全部合う人がいたら、それは運命の人」（by 離婚歴1回の恋愛師匠）

分の家族に気に入ってもらえるに越したことはありません。

大人になると、高校生の時みたいに彼氏の存在を親に隠さなくていいのは楽ですが、とはいえ、まだ付き合いたてのうちは紹介も出来ないですし、タイミングは考えちゃいますよね。いきなり紹介するよりも、デートを重ねる段階で、ほんわり親バレしていくというのが理想です。そんな時、手土産というのはものすごく有効な手段だと思うのです。

以前、彼氏とデートに行ったら、「これ食べたいな」と思っていて、でもお腹の空き具合的に次回に持ち越そうと思っていたメニューを帰り際に渡されました。彼がこっそり、食べられなかったほうをお持ち帰り用に包む手配をしてくれていたのです。

そして、**「荷物になっちゃって悪いけど、明日の朝、よかったらお母さんと食べなよ」**と言ってくれました。私のことだけじゃなく、母のことまで気にし

「家族が反対する結婚は結局うまくいかなくなるわよ。絶対」（by 離婚歴1回の恋愛師匠）

てくれるなんて、とその気遣いに感激。その頃まだ、付き合いたてだったその人との結婚を一気に意識してしまいました。

また、別の時にとあるホテルで和食を食べたら、食後に同じホテル内のケーキショップの箱を渡され、「ここのホテル、実はモンブランがめちゃくちゃ美味しくて、マイベストモンブランだから、食べてみて」というサプライズがありました。

これも、好きなものを食べてほしいと思ってもらえてることとか、家に帰ってからのワクワクまで考えてくれることが嬉しすぎて、印象深い。

帰宅後、母ときゃっきゃしながら分けました。**母も、「いつも美味しいものくれて、ええ人やね」と彼に対していい印象を持った様子。**

まあ、親まで落とすには相手が実家暮らしである必要がありますが、もしも相手が一人暮らしだったとしても、**「明日の朝、食べなよ」と美味しいものを**

「マイベスト肉」「マイベストケーキ」などその人の一番、と言われると絶対に試したくなりますよね。

渡してもらえるのは単純に嬉しいし、翌朝、楽しかったデートを思い出しながらお土産を食べていると、「大事にされてて幸せだな」としみじみ思うのです。

デートの基本はアフターケアですが、単純にＬＩＮＥを送るだけではなく、たまにはお土産で相手の日常に存在感を残しておくっていうのもアリな手段ではないでしょうか。

手土産とお土産を欠かさない人は、例外なくいい男です！

デートのアフターメール

大事なのは余韻。セミナーみたいな気分にさせないで

終わりよければ全てよしという言葉があるけれど、デートの場合も例外ではなく、終わりさえ整えばたいていのことは水に流せます。逆に言うと、終わりが残念だと、全てが残念な印象に塗り替えられてしまいます。そういう意味で、**デートの最後に送るメールは、男性が一番気を遣わなくてはならないポイントの一つ**なのです。

一番やってはいけないのが、言わずもがなですが、しつこいメール。相手が

デートの別れ際の笑顔は相手にとっての最高の贈り物になるので、映画のワンシーンを撮るくらいの熱意で、是非。

返事を送ってくる前に立て続けに一方的な想いをぶつけるのは、相手をドン引きさせる一番簡単な方法なので、絶対に避けましょう。

「次、いつ行こうか」と借金を取り立てるように日程を要求するのは、がっついているイメージを与え、デート後の余韻をぶち壊します。営業メールであれば、次回のMTGはなるべく早く明確に決めたほうがいいのですが、ここはわびさびの国、日本。デート後一発目のメールが、「次、どこ行く？　何日何時？」では、風情も何もあったもんじゃない。

ここは、「今日楽しかったね」と女性の好きなコミュニケーション法、「共感」の醸成を意識したいところ。この「楽しかったね」に「YES」が返ってこないうちは、次回の日程調整には踏み込まないほうがよいでしょう。

また、デート中の話題をメールで広げたり深めたりするのは、相手との距離を縮めるための非常に有効な手段の一つですが、この時、議事録のようなメー

「楽しかったね」と言って相手の「楽しかった」を引き出すと、相手の脳にも「楽しかった記憶」として残ることになります。

ルにならないように細心の注意を払ってくださいませ。たまにいるんですよね……。デート中に彼女が話題にしたテーマをまるで、試験前のノートのように書き起こす人。ところどころ自分の感想が加わっているので、ノートというよりはレポートに近いのかもしれませんが……。

「君のこの発言にぐっときた。この点を興味深く思った。それから、君もあのアーティストが好きだとは思わなかった。共通点が見つかって嬉しいな。いつか一緒にライブに行けたらいいね。あ、今度よかったらライブのＤＶＤ貸すよ。それから、君が行きたいと言っていたあのレストランなのだけど、調べたら今月はもう無理そうだけど、来月ならまだ予約が取れるらしくて……うんぬんかんぬん」

　発言の一つひとつを覚えてくれているのは嬉しいのですが、こんな風に、日報形式で送られてきてしまっては、答える気も失せます。なんか、必死感が漂ってて怖いですし。

一つひとつの話題でキャッチボールをすれば、その分多くメールできるので

デートでは必ず「次のデートに繋《つな》がる会話」を心がけましょう。好きな食べ物、行きたいイベント、見たい映画など。

話題を殺さないでください。デートはセミナーではなく、相手は講師ではないのです。

男性のコミュニケーションは結論直結型ですが、女性は、寄り道を楽しむ生き物。

メールは用件伝達手段ではなく、感情の交換のための手段なのです。「デート中はあんなに楽しそうだった彼女が、メールではそっけない……！」と失敗した経験のある殿方は、相手の感情を汲み取ったメールを送っているか、今一度確かめてみてください。

LINEスタンプをたくさん持ちすぎている女は、付き合ったら確実に面倒くさい女になると某イケメンが言ってました。

記念日の心得

サプライズに力をいれるよりしっとり祝って

デートには毎回毎回気合をいれてもらいたいと思うけれど、特に記念日の祝い方には、ひときわ力をいれてほしいと思うのが女子心。もちろん、力をいれるというのは値段的なことではなく、気持ち的な問題です。普段のデートなら、予約をいれずにふらっと入ったお店でいきあたりばったりを楽しむ日があってもいい。

だけど記念日までそれでは、人生においての計画性を疑うし、大事にされて

誕生日の時は「もう30歳」ではなく「まだ30歳」と「まだ」を使うと気持ちが若くなる（気がする）。

いる感じがゼロでがっかりしてしまいます。記念日って1年に何度もない、節目だったりしますから。普段とは別のめりはりをつけられる人こそがいい男ですよね。

とはいえ高校生ではないので、盛大にお祝いされすぎるのも、なんだか違うように思います。

私は記念日におけるサプライズというのが苦手で、突然電気が消えて、お店の人がケーキを運ぶのが見えると途端に体がこわばります。私は一体どんな顔をすればいいのか。あのケーキは私のものなのか。

そうだとしたら、嬉しい&驚いたを巧みに顔面で表現しないといけないけれど、もし違う人用のケーキだったら、これ以上恥ずかしいことは無い……。そんな思惑がぐるんぐるん頭の中を巡って、お店の人の大注目が集まる中、気分は授業参観の時に指された、答えのわからない子供。

誰も悪くないけど、この展開を用意した神様を恨みたい……。

聞き取り調査をしたところ、この「サプライズケーキ」が苦手という人は少

お店の人が歌うハッピーバースデーソングって、永遠のように長く感じてしまう…。

なからずいて、しかも「自分かと思ったら別の人のケーキで恥をかいた」という人にも数名出くわしました。そのつらさ、お察しします。

では、**どんな記念日なら満足かというと、もうね、しっとりと。しっとりとお祝いしていただければ大変に嬉しいです。**「おめでとう」の言葉と共にゆっくりご飯が出来ればそれでいい。デザートプレート（スタッフの歌とろうそくナシ）でもあれば言うことなしです。

20代も後半になると、「誕生日を理由に、欲しいものをゲットだぜ！」という気持ちもあまりなくて、**ただ覚えていてくれることと、一緒にお祝いできることが嬉しいんです**よね。

グルメな友人夫婦は、結婚してからは毎年、誕生日と結婚記念日は決まったレストランに行くそうで、そんな風に「ここでお祝いする」と決めるのも二人の間に積み上がっていくものがあって、素敵だな。そう思いました。

最近はアマゾンのほしい物リストをSNSでシェアするのが流行ってますね。

もちろん、誕生日くらいは盛大に祝おうという人もいるでしょう。それはそれでいいと思う。けれど、あんまり派手にされると、翌年はさらに……とハードルが上がって、毎年サプライズが更新されないと愛が薄れた感じがしないでもない。さらには、こちらもお返しをしなくてはいけない気もして、心の負担が大きいのです。

記念日は、ある意味相手とのイベントごとへの価値観をすり合わせる日（盛大にやりたい人は結婚式も盛大にやりたい派なことが多い）。長く続けたい関係であれば、何度かの記念日を経てお互いの気持ち良いツボをおさえることが必要かもしれません。

結婚式にかける費用に比例して、離婚率が高まるという法則が私の中で出来つつあります。

合コンの基本

男だけで楽しんでいいのは高校生まで

男と女の試合は、1対1のデートだけではありません。小学校時代はドッジボールで強かった男子が女子の人気をかっさらったと思いますが、男女混合の団体戦で目立つ人は、文句なく、モテメン。

「合コンは男同士の絆を深めるためのチームプレーだ」と男性はよく言いますが、男だけで楽しんでいいのは高校生まで。**18歳を過ぎたら、男同士の絆も深めつつ女子への気配りが出来ないと、試合としては負けなのです。**

身体能力が一番恋愛に影響する時期は小学校時代だと思います。足の速い男子と背が高い男子が問答無用でモテていた…。

私はとある日に、顔面偏差値東大レベルのイケメンバーで開催されている神合コンに居合わせたのですが、その時の男性陣の自己満足っぷりが伝説的でした。身内ネタばかりで盛り上がり、お互いをいじり合って大笑いして、テーブルは一見盛り上がって見えるんですが、誰一人として相手の女性に話を振らないんですね。その時参加していた女性たちは皆、たぶん女神だったので、話を合わせてあげていましたが、「今日めっちゃ楽しかったね！　また飲もうよ」と男性が言った時、誰一人として賛成せず微妙な顔してたっけ。

会話のパス回しは基礎中の基礎。そんな基礎ルールもわからない男子は、試合出場の権利すらないと思いますが、基礎ルールをおさえた上で技を駆使しないと女子のハートは摑《つか》めません。

非モテメンとご飯に行くと、メニュー選びの時点でイエローカードの連発な

女子を呼んでおいて、女子に話を振らない男性には、天罰が下ればいいと思います。

のです。まず、選ぶものが単調なんですよ。唐揚げとか、出し巻き卵とか。別にそういうのも、定番だし美味しいからいいんですが、無難にまとめすぎるのもいかがなものかと。

女子は、そのお店でしか食べられないメニューや、一工夫あるメニューに弱い生き物なので、そういうのをチョイスにいれておくと、「この人、出来る……！」となる可能性が大です。

女子のツボがよくわからない人は、アボカド、チーズ、餅、ナッツ、明太子、湯葉、かぼちゃ、さつま芋、季節の○○などと書いてあるものをとりあえずいれておくと、女子を気遣ってる感が醸し出されるはずです。というか、そもそも、相手に聞きましょう。何を食べたいか。それが一番の基本です。

また、大人同士の飲み会なのにもかかわらず、無理やり女子に飲ませるような荒くれ者が万が一にでもいた場合は、たとえ飲まされているのが意中の女子でなくても、身代わり地蔵となりましょう。女子は、原始時代から協調の生き

「お酒が無いと本当の自分が出せない」とか言ってる人って日々偽りの自分で生きてるんだなと思ってしまう。

物なので、誰かが「あの人、素敵」と言い始めたら、即座にその場の全員に伝染します。身代わり地蔵は、わかりやすい恩人になれるので、「素敵」の言葉を浴びやすいです。

また、**女子の「終電だから」は家に帰れなくなることの心配よりも、むしろ帰りたいアピールだと知っている人の少なさには驚きます。**「タクシー代出すから」と言って、無理やり次に連行しようとするバブルの残りカスがチームの中にいた場合は、タクシー代をそっと渡した上で、「ごめんね、遅くまで付き合わせちゃって」と女子を逃がしてあげましょう。その後の同性&異性への同時フォロー力こそ、男子力です。

個人プレーが得意な男性でも、上司・先輩や後輩の目があると、ついいつものプレーが出来なくなる人が多く見受けられます。

「終電がある」「明日早い」「実家だから」。これは翻訳すると「早く帰りたい」です。

けれど、真のモテメンならどんなプレーでも勝利を摑むべし。今回は、モテメン読者の皆様にとって釈迦《しやか》に説法レベルの話だったかもしれませんが、時には基礎をおさらいしましょうね、ってことで書いてみました。

個人プレーが得意なモテメンほど団体戦でのプレーから足が遠のいていたかもしれないし。引き続き、読者の皆様の健闘を祈っております。

モテメンは、得てしてLINEのタイミングがいい。帰り道でLINEをもらえると、帰宅時間が楽しくなります。

「合コン」のデメリット

「合コン」は「お食事会」という呼び名に言い換えてほしい

男女の出会いを目的としたご飯会を「合コン」と呼ぶけれど、私は「合コン」という呼び名がついているだけで、もうそこには絶対に行きたくありません。居心地が悪いというのが一番の理由です。

「合コン」は出会いの視界を狭くしてしまうように感じます。例えば、人間的には「いいな」と思えるような相手でも恋人としては「無いな」だった場合、

友人は合コンを「Go.com」と言いますが、実際にGo.comで検索するとディズニーのページに行きます。夢の国…！

白けた気持ちが芽生えてしまう不思議。これは「合コン」がカップル成立をゴールに据えたイベントだからです。男性側も女性側もその目的達成のために選ばれる自分を演じてしまいがちで、それが私にとっては苦しく感じられるのです。

サラダを取りわけたり、ビールを追加注文したり……そんな当たり前の気遣いすら、合コンにおいては、異性への自己アピールになりそうで、恥ずかしい。そんな風に思っている自分は、もしかしたら自意識過剰なだけかもしれませんが、それはそれでつらい。

合コンに行かなかったら感じなくてよかったであろう自責の念が湧いてしまうので、合コンには近づきたくないのかも。

けれど、気のおけない友人同士のご飯会なら、大好きです。同じように男女が集まる場所でも、合コンではなく、ご飯会という名目であれば、気楽に参加できます。

合コンにおいては、完全に「今日はハズレでしたね」と思う相手でも、仲良

学生時代、40人クラスメイトがいても「いいな」と思う人は1人くらいだったのに、合コンで40人に出会うためには4対4の合コンが10回必要なんですよ。その労力たるや。

しになれる可能性はありますから。

合コンには誰にも定義されていないエアルールがあり、恋人がいるって言いづらかったり、いるとしても不仲をアピールしたほうがいい気がしたり、知らず知らずのうちに「合コン向きの自分」を誰もが演じてしまいます。

他の場所で、嫌というほど演じなくてはいけない現代人にさらに役割を追加するなんて、どんだけドMプレーなのでしょう……。ご飯を食べる時は、ご飯及び会話に集中したい私には追加の役割まで背負う余裕が無いから、合コンを苦しく感じるのかもしれません。

男性はむやみやたらに「合コン」という言葉を使いたがる気がするのですが、「合コン」という言葉を「お食事会」に変えるだけで、心が軽くなる女子がいることも覚えておいてくださいませ。

友人は既婚なのに合コンに行くと「彼女はもう何年もいないよ」という巧みな嘘をついています。

グルメすぎる人の注意点

「ミーハーご飯野郎」にならないために

食に詳しい人は基本的に好かれます。ご飯の話題は敵を作りませんし、美味しいものが嫌いな人はこの世にほとんどいないでしょうから。でも、どんな話題でも、話し方によっては相手の反感を買ってしまうもの。ご飯の話題も例外ではありません。

よくあるのは「あそこのオーナーとは知り合いで」という常連自慢。予約の取りづらい店に、予約を取ってくれるなら有難い存在ですが、むやみやたらに

「あそこのオーナーは俺の名前出せばわかるよ」って言われて名前出したら「誰？」って顔されたことが2回あります。

「俺に言ってくれれば、あそこの予約なんて簡単に取れるから」なんて言っている人は、お店にとって厄介者ではないか冷静に判断しましょう。

大切な店ほど、仲良くない相手には教えたくないもの。お店のオーナーと信頼関係がちゃんとあるのか、あるいは、どこでも知り合いぶるうざい男なのかは、少し考えれば見えてきます。

逆に、彼が大切に思っているお店の予約を取る権利を分けてくれたなら、その分、自分と彼の間に信頼関係があるのだとうぬぼれてもいいかもしれません。

「お店自慢」が過ぎる人も恐ろしい。たとえ常連であったとしても、作っているのはシェフなのに、まるで自分が作った料理、選んだ材料かのように、あれこれと御託を並べる男も、いい男とは思えません。彼の手柄はあくまでお店を選んだところまでであって、ご飯が美味しいのはシェフのおかげです。「このシェフは俺が育てた」とでも言いかねないレベルで自慢してくる人は、なんでもかんでも自分の手柄にしたいかまってちゃんです。

大切なお店ってあんまり人に教えたくないですよね。

シェフの代わりに料理の説明を全部常連さんがしちゃって、シェフが悲しそうな顔をしているのを見たことがあります。

それから、知識だけに頼って、自分の舌で味わっていない人も、かっこ悪い。

以前、メディアで大絶賛されているレストランに食べに行った時、あまりのサービス&コストパフォーマンスの悪さと、見た目はいいけれど中身はスカスカのお料理にがっかりし、そのレストランを「最高！」と褒めている男まで外見だけで中身のない男に見えました。

雑誌のウケウリではなく、自分の言葉で、なぜそのお店が好きなのかを説明できない人は、誰かの意見に振り回されてあっちゃこっちに容易に傾く人。

こういう人は、家庭の危機があっても世間体や自分の親への説明責任のことばかり考えるんだろうな、と暗い未来を思い描いてしまいました。

また、どんな話題にも共通していますが、その領域に詳しすぎると、知らず知らずのうちに自分たちの使っている用語が嫌味なレベルの専門用語になっていることに気付かなかったりします。


みんなちゃんと自分の舌で味わっているのか問題。食べログの点数が低くてもいいお店はたくさんあります。

「フランベする」（調理の最後にアルコール度数の高い酒をフライパンに注ぎいれて、火柱を立てながら料理するやたら目立つ割に効果があるのかよくわからない行為）とか、「カダイフ」（糸状の小麦粉で作った装飾。カダイフ揚げなどに使われるほか、デザートなどにもよく使われる。私は大好きです）とか、「ナリサワみたいだね」（「焼きすぎちゃったね」ってこと。世界ベストレストランにランクインする「ナリサワ」で、炭を使った料理があることに由来する。使用例＠焼肉屋「肉、誰も取らないから真っ黒になっちゃってるよ！」→「肉、誰も取らないからナリサワみたいになっちゃってるよ！」）とか。普通の人にとっては意味不明です。

カトラリーのブランド名を出して、「どこどこのですか？　いいやつですね」なんて飲食店関係者でもないのに言ってる人も知ったかぶりの恐れあり。本物を知っている人は、むやみやたらに知っていることを自慢しません。

知っていることが当たり前で、その上で相手に合わせた会話と気遣いをして

あと絶対に自分で作らないくせに「これどうやって作るのー？」って言う人いますよね。

ワインソムリエの友人（女）に、そうと知らずにワインのウンチクをたれてる男の人を見たことがあります…。

くれる人こそ本物です。知ったかぶっている男性の前で、「可愛《かわい》いなぁ」と余裕で笑える度量のある女子になるのも、大事ですが。

お客とお店の適切な関係

お店の人との距離の取り方で人間力がわかる

レストランやお店の人に暴言を吐いたり、無礼な態度を取る人は問題外ですが、お店の人とうまく会話が出来るかどうかで相手の人間力が見えたりします。変になれなれしくせずに、相手にリスペクトを払いながらも距離を縮められる人は、天性の人たらし。こういう相手と行動を共にすると、どこに行ってもいい思いが出来ます。

ワインを注文する時はソムリエに相談するのがいいと言いますが、メニュー

なれなれしいのが過ぎて失礼なお客さんになっている人をたまに見かけて、心がザワザワします。

もお店の人に聞くほうが、間違いなく選べます。旬の食材やオススメ、量のことなど、わからないことはなんでも気軽に聞くほうが、お店の人も嬉しいのではないでしょうか。

エレベーターなどの密室で、知らない人と一緒になってしまった時は一瞬緊張が走りますが、どちらかが挨拶をすると途端にムードが変わりますよね。それと同じで、言葉を交わせば人間の心の距離はぐっと近くなるのです。

だから、初めてのレストランで「この横文字はなんて読むんだろう?」と知らない同士でうんうん言うよりも、「これってなんですか?」と聞いてお店の人をメニュー選びに巻き込んだほうが知らなかったことも知れて、お店の人とも仲良くなれて一石二鳥です。

行きつけのお店でそれが出来るのは当たり前ですが、**初めて行ったお店でも、積極的にお店の人と気軽に会話をする人であれば、かなり会話力に長《た》けたいい**

お店の人は、お客さんに「頼られたがっている」。そもそも、人が好きだから接客業、という人が多いです。

男です。ただ、お店の人との距離感を間違えている人には、くれぐれもひっかからないようにご注意ください。

p．38で書いたように、お店の人と話し込んでパートナーのことを放置するなんてもってのほかですし、変にお店の人と距離を取って、お客さんとして偉ぶるのもどうかと思いますね。

また、仕事での権威を持ち込んで、特別待遇を自分から望んでしまうのも、少し品がよろしくないのではないでしょうか。

ある時、雑誌関係の仕事をしている人とご飯をしていたら、「このお店をメディアに出して有名にしてやったのは俺」というような態度を取っていて、非常に見苦しく感じました。「もうちょっとサービスしてくれればいいのにな」などと聞こえよがしに言ってしまう彼は、お店にとっても厄介者だったのかもしれません。

いずれにせよ、お店の人との距離感や態度は入念に観察するに限ります。恋

特別待遇を期待して、毎回「○○出版の～」と予約名に出版社名やテレビ局名をいれる人を知っています。よくある手なのかなぁ。

愛中は、彼の「対自分」の態度しか見えなくなるものですが、恋人や好きな人に対して優しいのは当然。**特別ではない相手への態度こそが、そのまま彼の人間力であることを忘れずに。**

お店の人に冷たくする人は、別れた時に豹変して、嫌がらせしてくるタイプです。

言ってはいけない悪魔のワード

「作ってよ」はあらゆる意味で失礼である

生きていると、軽く言ったつもりの言葉が、相手を深く傷つけてしまう悲しいコミュニケーションミスが起こることがあります。相手を褒めるつもりで「痩せたね」と言ったら、本人はやつれて老けたことを指摘されたように思って傷ついたり、褒めたつもりで、「巨乳だね」と言ったら、セクハラだと思われたり、「胸の大きさ、気にしてるのに」と恨まれたり。

そんな経験、誰にでも一つや二つあるのではないでしょうか。

「可愛いね」と言われて嬉しい人と「キレイですね」と言われて嬉しい人がいますが、読めない場合は「タイプです」と言うといいかと。

私は以前、髪の毛を短くした時に後輩に「髪、切っちゃったんですね」と言われて、「切っちゃった」というのは前のほうがよかったってこと？　と悲しくなったことがあります。向こう的にはおそらく、「髪、切ったんですね」と、変化に気付いたことの何気ない報告のつもりだったと思うのですが、言い方一つで印象はずいぶん違います。

ところで、レストランで男性が女性に、おそらく軽い気持ちで、「美味しい！これ君、家で作ってよ」などと言っている光景にめぐり合うことがあります。「美味しいから家でも食べたい」「君の手料理が食べたい」「君くらい料理が上手なら作れるよ」など、いろいろな期待が込められた悪気のない一言なのですが、これは受け止め方によって、ナイフのように相手を傷つけてしまう可能性のある危険な言葉なのです。

まず、「作ってよ」と簡単に言いますが、これは、料理をしたことのない男

美容師やマッサージ師と知り合ったからって「髪切ってください」「マッサージしてください」など、安易にタダでその人の能力を使おうとするのもめっちゃ失礼です。

性特有の思いやりゼロの一言と言えるでしょう。料理を作るには、材料を揃えることから始まり、下準備、調理、後片付け、とてつもなく手間がかかります。さらに、家に招くとなると掃除もしなくてはならない。そんなに大変なことを「作ってよ」の一言で、安易に持ちかけないでほしいのです。

このセリフ、ある程度仲の深まった間柄なら、「私の作ったご飯が食べたいんだな」と好意的に捉えられますが、まだ温まっていない関係で手料理を要求するなんて、なんと厚かましい人だろうという印象を女子に与えかねません。また、たとえある程度深まった関係であっても、相手が料理が作れるとは限りません。

何気ない「作ってよ」には、「作れて当然でしょ」という意味合いが込められています。肉じゃがやカレーを全女子が作れると思ったら大間違いですし、男子が「簡単だ」と思っている料理こそ、実は奥が深かったり、基礎的な料理技術の良し悪しが出たりしますから、女子はヒヤヒヤものです。不意打ちすぎて恐ろしい。機嫌の悪い時の私なら、「あんたに手料理を食べさせる筋合いは

最近は逆に「料理が趣味」という人が「一度食べにおいでよ」と手料理ハラスメントをしているのも見かけます。

ねえ」と、ちゃぶ台をひっくり返して全力抗議することでしょう。

料理は愛情からくる行為です。嫌いな人に料理を作りたいとは思いませんので、「作ってよ」は自分に好意があることが前提で発言しているように感じられて、そんなになれなれしくしないでほしい、とバリアをはりたくなります。

さらには、「作ってよ」をシェフが聞いていたらどう感じるでしょうか。もしも食へのこだわりやプライドがある人なら「そんな簡単に家で作れるレベルの料理提供してない！」と嫌な気持ちになっても仕方ない。口説き文句にならないどころか、シェフの機嫌まで損ねてしまうなんて、言っている本人は夢にも思わないでしょう。寿司屋さんのカウンターで「作ってよ」と連れに言う人がいないように、パスタや肉料理も、レストランの料理にはプロの技術が込められていますから、同等のリスペクトを払ってほしい。

こんな風に、**何気ない「作ってよ」は、誰も得しない悪魔のワード**なのです。口癖のように言ってる人がいたら、今夜から、改めることをオススメします。

女子が自分から、盛り付けや味付けの工夫に関して「これ、家で真似したい！」と言うのは許されます。

人との距離感が掴めない人って、自分のこともおろそかになってて、鼻毛とか出てる率高い。

食べながら「これカロリー高そうだね」って言う人も、雰囲気ぶち壊し野郎ですよ…。

のり気じゃない相手を誘う時

誘いにのってくれない男性は追い込むか、諦めるか

先日、お料理漫画を読んでいたら、「料理上手男子をアピールしていたのに料理を作るにはまず女性を自宅に招かなくてはならず、そのハードルがとってもなく高い」という主人公の悲痛な叫びのシーンに出くわしました。ご飯デートにおいても、やっぱり「誘う」というのが一番のハードルで、どんなにテクニックを磨こうとも意中の相手を誘えなかったら、不毛な努力に終わってしまいます。

最近聞いた巧みな誘い文句は「うちの家ディズニーと提携してるから、夢と魔法の王国になってるよ。見に来る？」です。

「その日のうちに次の約束をする」のは王道。合コンやイベントの帰り際に「もう少しだけ喋りたい気分なんだけど、あと30分だけお茶しませんか？」などと言うと、相手も別日にデートするより気軽に来てくれるし、自分だけ誘われたという優越感も湧くし、遅い時間に二人きりなので、ドキドキ感がありま す。もし、そこでNGをくらったら、「じゃあ、次はいつ会えますか」と食い下がりましょう。相手はいったん断っているので、罪悪感から日程候補を出してくれる確率が高いです。

誘うまでに時間をかければかけるほど、悪い想像を勝手にしてしまって及び腰になりますし、いざ誘った時の深刻度が増します。だからこそ、軽い感じで「次は？」と聞いておくと、約束が成立しやすい。記憶が新しいうちに会ったほうが、ときめきも維持されて親密度が高まります。

「しばらく仕事が忙しいんだよね」と次の日程を出してくれない＝「お前に会うくらいなら仕事したい」ということです。

会った日に次の約束を出来なかった場合、ハードルは少し上がります。なかなか時間を作ってくれない忙しい相手なら、約束した日が仕事などで流れた場合の次の候補までもらっておきましょう。さらには、予約がなかなか取れず、かつ席数の少ないお店を予約して、「このお店は時間厳守だから」と仕事並みにきっちりと約束を守らせるように追い込んでみましょう。

これで約束を簡単に破るようだったら、その程度の良心しか持ち合わせていない相手なので、付き合ったとしてもきっとうまくいきません。「付き合う前に相手のだらしなさがわかってよかった」とポジティブに捉えるしかありません。

また相手が当日など、急に誘ってくる場合は、

1：仕事が流動的で予定がわからない

2：自分が「予定を埋めるための都合のいい要員」と思われている

の二つの可能性があります。

1でも2でも、共通しているのは、相手のその態度はきっとこれからも続く

仕事相手を、仕事をエサに食事に誘うのはルール違反だと個人的には思います。

ということ。

恋人になったら変わるなんてこともおそらくないので、それでも会いたい人かどうか冷静に見極めましょう。

いずれにせよ、**ご飯デートは出口ではなく、入り口です。「食事に行けばなんとかなる」というのは大間違いで、うまくいく相手なら、どう転んでも食事くらいは出来る。**

「食事にすら誘えない相手は付き合ってもなんともならない」のです。

人間の持ち時間は同じで、時間は優先順位で割り振られます。時間をもらえない＝お前の重要度は高くないということだと肝に銘じましょう。

かわいくおごられる方法

相手も自分も幸せになるおごられ法則は「2ラリー半」

男の人は一緒に食事に行って、「財布を出すそぶり」もしない女子には幻滅するといいます。私に言わせてもらえば、女子に「財布を出すそぶり」をさせる時点で男子失格であって、真のイケメンなら、女子がお会計を気にする前に、もう支払っているはずなんですけどね。

男性が財布を出すと、女子は、「あ、私も出さなくちゃ」となるので、財布を出すところを見せたら男として失格、くらいに思っていたほうがいいと思い

財布を出すそぶりをしつつ財布にお金が入っていない女子を見たことがあるけど、あれはかっこ悪い。

ます。ブラックカードを見せびらかしたいなどの裏の動機があるのかもしれませんが、カードを見せびらかす時点で、品格に欠けて、いい男とはとうてい思えません。

まあ、それは置いといて。

相手がスマートでない男子の場合は、「財布を出すそぶり」をしたほうが無難でしょう。

もちろん、相手がかなりの年上で、こちらが財布を出すのさえ失礼という場合は、「ご馳走様です」と嬉しそうに頭を下げればオッケーです。この場合は「払います」と言い張るほうがむしろ無粋。けれど、相手とそこまで親しい関係でなかったり、年の差がそんなにない場合は、傲慢に見えないように、少しは財布を出すフリもしたほうがいいはず。でも、あまりに「私も出します」と言い張るとコントのようでみっともない。それでは「出します」の場合、どれくらいまで「出します」の演技をすればいいのか。

相手からのお誘いで、かつ相手がかなり年上の場合は「今日はご馳走になっちゃってもいいんでしょうか？」と会計時に言えばいいかと。

オススメは2ラリー半です。

相手が「出すよ」と言ってきたら、「そんなの悪いです。私にも少し出させてください」。これが1ラリー。

相手がさらに「いいよ、いいよ、俺のほうが年上だしさ」と言ってきたら「そんなの、申し訳ないです」。これで2ラリー。

最後に相手が「ほんとに、今日は俺が出すから！」。これで2ラリー半。ここらへんが止《や》め時です。

この先も「いえいえ」とやるとしつこいですし、運が悪いと「じゃあ、1000円だけ出してくれる?」などと微妙な展開になるので、**2ラリー半が終わったら、「なんか悪いな……ご馳走様です」と控え目に告げるのがよいでしょ**

会計後に「いくらだったと思う?」などわざわざ値段を持ち出す人は「おごってやった」と思っているタイプです。

う。

ご飯が楽しかった場合は、「じゃあ、次はお茶でもおごらせてくださいね」などとフォローすると次に繋がる可能性も出てきてさらに高得点。

お誘いにちょっともったいぶってオッケーしたい時や、ちょっとした喧嘩の後に彼からの頼みごとを受け入れる時なども、この2ラリー半は応用可能なので、覚えておくと何かの役に立つかもしれません。

ちなみに、2ラリー半前に「ならワリカンで」などと言われたら、そもそもおごってくれる気は相手になく、おごるフリをしただけです。手切れ金だと思って支払いましょう。

最初のデートのお会計スタンスが、その後のデートの基準になるかと。

女子に対してのNGワード

「太るよ」「ブス」は食事中に絶対に口にしてはいけない

この世で一番罪深い男子は、女子が揚げ物やラーメンを食べている時にわざわざ「太るよ」と言う男子です。女子が「揚げ物は太る」という小学生レベルの常識を知らないと思っているのならアホだし、その知識があることを知っていてわざわざ「太るよ」と言ってくるなら、楽しい時間を台無しにするクズです。それでなくても、女子は普段から「痩せたい」と思っている時間が長いのです。でも、「痩せたい」と同時に「美味しいものを食べるという人生の楽し

インスタグラムやツイッターにつく一番いらつくコメントは「こんな時間に食べると太りますよ」です。

み を享受したい」という欲求もあるのです。

今日はカロリーを忘れて思いっきり食べようというモードの時に現実をわざわざ持ち出して水をかけるなんて罪深いにもほどがある。

軽々しく言った「太るよ」に対して、「『お前、太ってるぞ。痩せろよ』って意味?」と悪く受け止めてしまう女子もいないとは限りません。

食事中に、人の食欲を減退させる話は悪ですから。くれぐれも「太るよ」には放送禁止用語レベルの注意を払うことを忘れないでください。

ちなみに、ご飯を食べる時の幸せホルモンは、相手に「この人といるから幸せなんだ」と錯覚させてくれます。

だから、目の前のデート相手にはカロリーのことなど忘れさせて、食べたいものを食べたいだけ食べさせたほうが恋の実る確率は高いのです。

NGな話題としてもう一つあげられるのが、合コンにおける男性のブス専ア

一緒にいて食欲が湧く相手=安心する相手、です。緊張するとご飯が食べられなくなりますもんね。

ピールです。男性的には「美人が好きではない」と言うのは、女子に対してハードルを下げているつもりかもしれませんが、ブスが好きな男に選ばれる女子の身にもなってください。

「俺ってブス専って言われるんだよね」というカミングアウトは、女子に「こいつに選ばれる＝ブス」というイメージを植え付けてしまうのです。

ブスの自覚がある女性でも、ブスと言われて嬉しいわけがありません。

逆にブスだからこそ、「美人好きの人が私を選んでくれた」ということに価値を感じるのです。たとえ本当にブス専であっても、ブス専と言うくらいなら「面食いです」と真逆を言ったほうがいいでしょう。

食事の席での「太るよ」とブス専カミングアウト。この本を読んだからには、この二つは、今日から死ぬまで、封印してくださいませ。

顔にコンプレックスのある女の子には「俺、面食いだよ」と言ってあげるほうが、嬉しがられるんですよ！　ほんとに！

知らない土地での振る舞い方

郊外・地方のお店の知識の深さは、人生の深さ

幅広い知識を持っている人、自分の持っていない引き出しを持っている人は、頼もしく思えますが、食領域においてもそれは同じ。郊外や地方など、自分の生活圏（アクティブエリア）を出る機会にこそ、男性の真のエスコート力が試されるといってよいでしょう。

私の場合は、都内でも中央線沿線（御茶ノ水、四ツ谷、中野、高円寺、阿佐ケ谷、荻窪、吉祥寺などです）に昔からあまり縁がないのですが、ある時、当

知らないエリアに行った時、その場所に詳しい人が一緒なだけで街に溶け込めた感じがしてきますよね。

時付き合っていた人となりゆきで中野に行ったら、「昔このあたりに住んでいたからね」とにわか観光ガイドになってくれて、非常に頼もしく感じました。

知らない土地というのは、それだけで少し怖いけれど、その場所をよく知っている人と一緒であれば、怖さは半分以下になります。その日は、サブカルの聖地といわれる中野ブロードウェイを散策した後、有名なラーメン店へ。

そこの店主さんはラーメンのあまりの美味しさを妬《ねた》まれて同業者に拉致《らち》されたこともあるとか。……そんな逸話を彼から聞きながら食べるラーメンは、知らない街の空気と相まってことさら特別に感じました。

そういう、**今までの自分の人生の範囲を飛び出した知識・経験をくれる人って一緒にいて飽きないんですよね。** 中野に詳しかったその人は、30代半ばだったのですが、20代のうちにちょっと都心から離れたエリアを開拓したそうで、練馬や板橋などにも強く、一時、彼のオススメの郊外のラーメンを食べに行くという遊びが二人の間で流行《はや》りました。あれ、スタンプラリーみたいで楽しかったな。

私はお店に行く途中の「ここの花壇、いつもキレイな花が咲いてるんだよね」っていう案内にクラッとしました。花を愛でる心の余裕を感じたからかも。

六本木や銀座、麻布十番など、人気エリアの情報は、もはや誰もが知っている時代。だからこそ、みんなが知っているエリア以外の強みを持っている人は、貴重なんです。そして自分の足で得た情報を持っている人ならなおさら貴重で、かっこいい。

お店を知らないなら知らないで、詳しい人に聞く、調べるなどして、選択肢を豊富に持っていれば、デートで楽しさを提供できる人になれます。あるいは、普段からアンテナを張っている人なら「ここにあるケーキ屋さん、行きたかったんだよねー」「ここの丼《どんぶり》、B級グルメコンテストで入賞したらしいよ」と行く先々で楽しみを見つけられるはず。

行き当たりばったりで、「これからどうする？　何食べたい？　俺、運転してるから調べてくれない？」なんて言ってくる人は最悪です。

男の人で雑貨屋さんやカフェに詳しい人もちょっと素敵です。

食事の場面において女子はたぶん、相手の男性に、「普通を特別に変える能力」があるかどうかを見極めているのです。日常を自ら楽しくする力がある人となら、人生のどんな場面でも楽しめますから。

初デートで爪痕を残す方法

主人公が恋に落ちる相手は嫌な奴だという真理

知り合いの自称・ヤリチンの名言「初めて会った女の子に僕の恋愛観はほぼ全否定される。でも大丈夫。月9の第1話はいつもそんな感じだ」。

彼の恋愛観はさておき、この言葉に私はシビれたのです。だって真理だもの。月9でも少女漫画でも、主人公が恋に落ちる相手は大体初登場時は、嫌な奴なのです。「アイツ大っ嫌い！」がだんだん、「なんか気になる」から「これは

このセリフは「でもそれ、月9だからですよ」の一言で吹っ飛ぶ可能性もある。

……恋……？」に変わっていく。これは、バーチャルな恋愛だけでなく、リアルな恋愛でも生きるセオリーです。**初対面で爪痕《つめあと》が残せない相手と、その後の関係は作れません。**

一目惚れさせられないなら、せめて爪痕を残さなくっちゃ。もちろん、嫌な奴になる必要はありません。いい印象を残せるならそちらのほうがいい。ただし、**「いい人はどうでもいい人と一緒」というように、印象の薄い人で終わるなら、嫌われてでも相手の心に残ったほうがいいと私は思います。**

嫌われる、というのはマジで相手を不快にさせるわけではなく、相手が好きそうな自分を演出せず、時には相手の価値観を否定することも臆さずに言うこと。美人はオラオラな男に弱いという説がありますが、そのトリックは、「美人は自分を美人扱いしない男に執着する」からです。

美人と言われ慣れている女性は、自分に「美人」と言ってこない男がひっかかる。あるいは「お前なんて全然美人じゃねーよ」という態度で接してくる男

ヤリチンにとっては「抱いた女より、抱けない女のほうが記憶に残る」んだとか。

の人に対して、躍起になってしまう。結果、恋に落ちる。

人は、好きなことよりも嫌いなこと、自分を肯定する意見よりも否定する意見を、よく覚えてしまう生き物ですから。


相手の容姿を否定するのは、高度な技なので（うまくいくか嫌われるか2択のギャンブルなので非常にリスキーです）、恋愛偏差値が普通の私たちはまずはマイルドなところから。例えば、相手の言ったことに対していつもＹＥＳと言うのではなく、「それはあんまり共感できないな」と反対意見を唱えてみたり、相手が好きなものを、「実は、それは苦手で」とはっきり言ったり。

相手の話の流れを少しだけ変えてみる。そんなところから始めてみてはいかがでしょうか。**何一つ波風の立たない世間話なら、パーティーですればいい。**

恋愛が絡んでくるお食事会やデートでは、相手の予想外を突くことによって自分の価値が高まります。


経営者の友人も、イエスマンより、改善策のあるＮＯを言ってくれる部下が欲しいと言っていたなぁ。

いい人・優しい人は「つまらない人」のマイルドな言い換え表現です。自分に対する異性の評価が「いい人・優しい人」であれば、あえて相手との会話において波風を立てることで、相手との関係を発展させましょう。

いい人なのか。都合がいい人なのか。その見極めが大事ですね。

デート前日にやるべきこと

女子の気持ちはデートに行く前に決まっている

男の人は、とかくその場の雰囲気でクロージングしたがります。だから、ご飯デートの約束を取り付けたら、その日だけ頑張ればいい、と思っている。だけど、それは大間違いの大間違いだということを声を大にして訴えたいです。**女子はその日の夜、彼の誘いにのるかのらないか、家を出る前に半分決めています。なぜなら、女子には身支度というものがあるからです。**

男子と違って下着と肉体の接着面が多い女子は、同じパンツを2日はくなん

女の人のほうがよっぽど計画的だし「その場のノリで」とか「はずみで」というのは後付けの理由なことが多い。

て生理的に超無理なわけです。だから、もしもどこかに泊まるなら、とりあえず替えのパンツは持って行きたい。さらに、いまどき、18歳以上の女子は、すっぴんでは外を歩けないのです。だから、泊まる必要がある時は、化粧品類一式を持たなくてはならない。メイク落とし、洗顔料、ファンデーション、マスカラ、リップ、コンシーラー、アイシャドー……女子の顔というものは、男性が思っている以上に多くのアイテムの複雑な組み合わせによって出来ているのです。一つアイテムを忘れただけでその日一日堂々と顔を上げて歩けない女子も結構いることを含みおきください。さらに、髪の長い子ならヘアアイロンやブラシやワックスもいる。

もちろんそれらの一切を必要とせず、ただただ自分の意思のままに行動する女子もいることでしょう。けれど、そんなのは、ごく一部です。たいていの女子は、そのままぱっと適当な場所では泊まれない体質です。それを見越してアメニティの充実したホテルがあったり、コンビニに化粧品が置かれていたりし

「いつもの顔」はいつものアイテムがないと作れないものです…。

ますが、それらを組み合わせても、いつもと同じ状態にはならないのが女子ですから。服だって、毎日スーツの男性に比べて、女性が同じ服を連続で着ていたらどんなに目立つか！　だからこそ、私は男性に声を大にして言いたい。

デートは行く前から始まっていますと。男性が思う以上に、女子は、その場の雰囲気に流されたりなんかしないよと。

事前の準備によって、クロージング出来る確率が上がりもするし下がりもする。行く前からデートはもう始まっているということを、男性はしっかりと肝に銘じてほしいのです。お誘いメール、お店の選定、リマインドメール……そういった一連のあれこれは、男性にとっては時にはめんどくさい作業かもしれません。でも、そういう隅々にまで気を配れる人が、一歩差をつけられる人になる。誰もがやっていることをやっていても、みんなと一緒になるだけなのです。

職場に一人は、同僚の着ている洋服を事細かに覚えている人がいるものです。

デートの前日の「明日、楽しみにしてるね」の一言のメール。あなたは、ちゃんと送っていますか？　ひょっとしたら、メールを打つ３秒は、翌日の30分の粘りに匹敵するかもしれません。

「備えあれば憂いなし」「念には念をいれよ」。古くからのことわざも準備の重要性を指摘していますから。レストランの予約だけして満足しているとしたら、改めましょう。

「楽しみにしてるね」はドタキャン防止にもなります。女子は気まぐれですからね…。

朝ご飯で見極める

朝ご飯が一緒に食べられる人は信頼できる人

最近1週間に1回、女友達と朝ご飯を食べる朝活にハマっています。朝から観光客気分が味わえる築地市場の海鮮、海もないのにハワイ気分にひたれる表参道のパンケーキ屋さん、スーツに身を包んだビジネスマンに交じるのが楽しい、渋谷の朝食ビュッフェ……。住み慣れた東京なのに、朝の顔はちょっと新鮮に感じるのです。それに、忙しい友人とは昼や夜に会うよりも朝にさくっと会うほうがいい。予定が合わせやすいし、お互いに次の予定があるのでだらだ

早起きに成功しただけで、その日一日、他のことも何もかもうまくいく気がします。

らしないし、朝から美味しいものを食べると気分がアがるし、朝一で頭と声を使うと、その後の仕事の能率も上がる気がするのです。

そんなわけで、女子同士の朝食会も楽しいのですが、朝ご飯を一緒に楽しく食べられる男性というのも貴重な存在です。そもそも、男性は女子に比べて朝に弱い人が圧倒的に多い。統計をとったわけではなくあくまで肌感覚ですが、寝坊による単位の取りこぼし、交通機関での寝とばしなど起きられなかったことによるトラブルを耳にする時、たいてい主人公は男性なのです。

なので、**朝ご飯の約束をしてちゃんと時間通りに来てくれる男性は、もうそれだけでちょっとイケてる感じがしますし、朝からもりもりと食べる男性は生命力が強そうでかっこいい。**

昔、林真理子さんのエッセイ（『ルンルンを買っておうちに帰ろう』）で男と女の関係になった後の男側のアフターケアについて、「次の日の朝食をキチンといっしょに食べていく男も信用していいような気がする」と書いてありまし

朝早く起きると、一日が長く感じられるので、好きです。

脳の専門家と対談した時、睡眠時間が足りないのと長すぎるのとでは、長すぎるほうが脳に悪いと教えてもらいました。

た。「ラブホテルの近くの喫茶店でちょっとみじめさを共有しながら、モーニングサービスのゆで玉子を割るような男だったら、間違いなくあなたに惚れているといってもいい」とも。朝ご飯を一緒に食べる行為は、「彼女の存在をその日いちにち、しょって帰るというのに等しい」らしいのです。

このエッセイが書かれた時代に比べると、男女の関係もだいぶカジュアルになり、「朝活」がブームになっているので、朝ご飯を一緒に食べることはそこまで非日常なことではないでしょう。それでも、**私に会うために早起きしてくれたガッツは信頼の証《あかし》に思えますし、早起きが好きな人であれば、その人との結婚生活は規則正しく健やかなものになっていく気がする。**

「朝ご飯」を楽しく一緒に食べられる相手は特別な関係とまでは言えなくとも、他の数多《あまた》の男性よりもちょっと格上な、特別な相手になることは否めません。

「朝ご飯を用意してあげる」のは、昼ご飯・夜ご飯に比べて調理ハードルが低い割に相手の印象に残りやすい気がします。

写真撮影のタイミング

食べ時を逃す人は、大体恋愛下手な件

男女問わず食事中に嫌われる行動の一つが、出来たての「食べ時」を逃すこと。写真撮影にかまけている女子に多いのですが、これは思った以上に男子のブーイングを買うだけでなく、作ってくれた人にも失礼です。

私もSNS中毒なので、ご飯前の写真撮影は日常の一部。美味しいお料理や華やかな演出を記録すると、後にも楽しみが残る気がしますよね。けれど、写真撮影を食べることより優先させることは、絶対にありません。さっと撮って

食べ物の写真を撮る時は「思いっきり被写体に寄る」のが下手な人でもうまく見えるコツだとか。

すぐ食べる。熱々のものは熱々のうちに。ひえひえのものはひえひえのうちに。

けれど、女子が集まると、これが出来ないことが多い。1枚だけ写真を撮って、後から送り合えばいいだけの状況で、「私のカメラでも撮りたい」と言いだす人が、女子のグループには必ずいます。写真にだけこだわる人や、その場ですぐにSNSに投稿したがる人は、「その場」を楽しめない人たち。誰にも気付かれないうちにさっとアップしたり、相手がトイレに行っている間にするなら許すけど、わざわざ「その場・その瞬間」を中断してまで投稿する人は、どうもなぁ……。その投稿、帰りのタクシーや、帰宅後でもいいと思うのだけど、どうなの？　状態。

仕事では、今出来ることを今やることが求められます。けれど、**恋愛では時には、後で出来ることは後にするなど、臨機応変に対応できる人が好まれるはず。だって、そもそも恋愛なんて人生において予定外のことだもの。**

話に夢中になっていて、ラーメンやお寿司の食べ時を逃している人を見るとハラハラします。

とはいえ、写真共有のタイミングが遅い人は嫌われます。みんな帰宅途中にSNS更新するもの。

瞬間瞬間の楽しみを後回しにする人は、後回しにしたまま人生が終わってしまう。

食事中の写真撮影やSNS投稿は、相手のバランス感覚を知るためのバロメーターになるのです。

食事よりもSNS投稿を優先させる恋人って嫌だな…。ペットよりもスマホに嫉妬する時代ですよ…。

仕事のおもてなし術

薄っぺらいキャバ嬢接待がキャリアの賞味期限を短くする

ネット業界には、「ドッグイヤー」という言葉があります。犬は人間の約7倍の速さで成長することから、ネット界隈のスピードの速さをたとえる言葉です。技術革新や話題の移り変わりにとどまらず、ネット業界は噂の飛び交いっぷりも速い。悪い噂はすぐに広まります。

最近、私は某成長株のネット企業の営業女子が、肉体を武器に接待している

ホステスとかキャバ嬢って現役よりも「元ホステス」「元キャバ嬢」のほうが価値がある気がするのはなぜだろう…。箔がついた感がある。

という噂を耳にしました。なるほど、ネット業界にいると手まで早くなるのね……ってそうじゃない。私はヤリマンを否定はしませんが、仕事と肉体関係を結び付ける行為は、セクハラの蔓延《まんえん》に繋がるからやめてほしい。関係ない女子にとって迷惑ですから。

クライアントとご飯に行くなら、「デザートはワ・タ・シ？」的なブラック二次会を設定するのではなく、プライドを持って、ホスピタリティを発揮できる女子であるべきではないでしょうか。ホスピタリティは表面的なごますりとは違うのです。入店したての素人キャバ嬢のように黄色い声で、「女」をがんがん出す接待ではなく、色仕掛けをせずに相手を気持ち良くさせる接待の方法は、きっとあるはず。

以前勤めていた会社では、クライアントの商品にちなんだお土産を準備したり、相手の出身地のお酒のあるお店を選んだり、会話の中からその人の好きなものを探ったり、とちょっとした気遣いの大切さを勉強しました。

ホスピタリティって知性がないと、発揮できないと思うのです。

重要な会合においては事前に雰囲気をチェックしたり、喫煙者と禁煙者をチェックして、席並びに気を遣ったり。そういう真心のある接待が設定できる女性になれれば、年齢を重ねても指名数は落ちず、むしろ増えると思うのです。

本物の恋愛以外でやたら「女」を武器にしている人って経年劣化でペラペラになっていくんだな。

そうそう、「女」を使って営業成績を作っていたとある女子の末路。彼女は、その営業手腕を買われて転職したのですが、転職先ではメイン担当の会社のキーマンが女性だったためお得意の武器が通じず、そうこうしているうちに自分の容姿も衰えて「カワイイ」ウリが出来なくなり、転職のたびにお給料は落ち……。

キャリア10年目を過ぎた今、新卒時代と同じお給料だそうです。見た目の美しいデザートほど賞味期限が短いということかもしれませんね。

元銀座ホステスから聞いた技。「結婚している人と会う時は男物の香水」。

グルメとファミレスの両立

目の前のグルメ男はファミレスを認められる人ですか？

先日、●年ぶりにサイゼリヤに行きました。●年と伏字《ふせじ》にしたのは、本当に行ってなさすぎていつが最後の訪問なのかわからなかったからです……。

初めてサイゼリヤを知ったのは、確か中学時代。友人に教えてもらって、デザートの美味しさと安さに感激したものです。高校時代は、定期的にサイゼリヤで集まっていて、大学時代にはちょっと足が遠のいて……もしかして、それ以来かな？　いやいや、新入社員時代にサイゼリヤでうんうん言いながら企画

私が初めてサイゼリヤに行った時に食べたのは、「トリフアイスクリーム」です。

書を書いていた気もする。

でも、年々自由に使えるお金が増えて、選択肢が増えたことから、わざわざ食べに行こうと思ったことは最近、無かったんですよね。何年かぶりのサイゼリヤに私を誘ってくれた男性は、ミシュランのお店巡りが趣味というグルメにうるさい人だったのですが、深夜に「さて、どこに行く?」という時に出てきた選択肢が、まさかのサイゼリヤ。

他にも、オシャレなバーとか、雑誌にひっぱりだこのラーメン屋とか、豊富な選択肢があったにもかかわらず、「いや、俺、サイゼ食いたいわ」と、超高級車で乗りつけたのです。

店内に入った彼は手慣れた感じで、お気に入りのメニューをいくつか頼みました。そのスムーズさから彼が常連なことがわかります。そして、一つひとつのメニューが出てくるたびに、「これが〇〇円とは思えないほどの美味しさなんだよ」「この組み合わせがうまいから」と解説をつけてくれ、自らもうまい、うまいと連呼しながら、あっという間にテーブル一杯の量を平らげていました。

今一番好きなメニューは、「若鶏のグリル」。

ちなみにサイゼリヤにはメニューに載っていないワインリストがあり、頼むと持ってきてもらえます。

サイゼのワインは「安いし」となめてしまったがために、思った以上に酔っぱらってしまう人多し。

その時、あ、この人とは一緒に貧乏しても楽しいだろうな、と思ったのです。結婚向きの人だな、と。それに、彼のご飯好きに関しても、ただのミーハーではなく、本当にご飯を楽しんでいるんだと理解。**美味しさの基準を、ブランドや価格や食べログの数字に求めている人って、なんだか薄っぺらく感じます。**そういうものは、お店選びの幅を広げるための指針であって、それに振り回されるのはダサいと思うのですよ。

以前に、お金持ちの男性とデートした時、彼は「安いものは悪」という思い込みを持っており、ファミレスはおろか、最近流行の立ち食いスタイルのお店にも絶対に足を踏み入れないと公言していたので、心が狭く、頑固な印象を受けました。試したことのないものこそ、否定せずに試してみたら、新たな世界が広がるかもしれないのに。

サイゼリヤデートの機会をくれた男性は、私のファミレス偏差値が低いことに気付き、その後、ガスト、デニーズ、藍屋《あいや》、和食さと、ロイヤルホスト……といろいろな場所に連れて行ってくれました。昔は通ったお店でも、値段的に当時は躊躇《ちゅうちょ》したメニューも、今だからこそ堂々と頼め、非常にリッチな気分に。
その美味しさ、楽しさは、下手に話題のお店に行くよりも鮮烈に私の頭に残り、彼の印象もまた、お店の印象と同じく、鮮烈なのでした。

ファミレスで安く、美味しいものが食べられる日本って、本当にいい国です。

食の思想問題

食習慣の押し付けは宗教の押し付けである

一時期、私はマクロビオティックにハマっていました。マクロビオティックというのは、乳製品や白砂糖などを摂《と》らず、玄米を中心に、自分が生まれ育った地域で出来たものをなるべく自然のまま頂くという食事療法。もともと、妹のアレルギーがひどかったので、小さい頃から体質改善のためにマクロビオティックを取り入れた食事をしていて、高校生の時にダイエットのために、自らすすんでマクロビの道に入って、マクロビ食を極めるために、地方の宿で住み

最近は「糖質制限」を唱える人が多いですね。でも流行りすぎるものは廃れるのも早い気がします。

込み修行をした時期もあります。

そんな時代を経て、今の私の食生活は、玄米を中心に、野菜を多く……なんてことはなく、極めてニュートラル。玄米も食べるけど、白米も食べる。マクロビ的にはNGなチーズも肉も甘いものもがんがん食べるし、「健康のため」ではなく、「幸せのため」に食べています。

マクロビオティック以外にも極端な菜食や、その反動でひたすらジャンキーな食生活、あるいは断食道場での泊まりがけ断食修行やジュースクレンズなど、様々な経験を経て、「幸せのために、好きなものを好きな時に、適度にバランスを気にしながら食べる！」という思想を自らの意思で選んだのです。

そんな私の試行錯誤を知らずに自分の食事の思想を押し付ける人に出会うとげんなりします。そして、押し付ける人はほとんどと言ってよいほど男性。料理に開眼した男性、健康に気を遣うようになった男性は、それまで料理が未知な領域だった分、のめり込み、それを周りに広めようとする。土鍋で炊いたご

食習慣って、ほんとびっくり箱みたい。自分の「普通」が必ずしも相手の「普通」でないことを噛み締めます。

いろんな食事法を経て学んだのは「まずいものと楽しくないことは続かない」です。

飯やら発芽玄米やら自分で作るヨーグルト……。全て美味しいのはわかるし、マイブームであるうちは問題ない。けれど、人に押し付けるのはどうなんだろう。

大人になってからの食習慣というのは、ある程度、様々な経験を経て構築された習慣であり、思想が反映されたものであるということを忘れてはいけません。深い仲になり、相手の健康を気遣って言うなら別ですが、恋人にもなっていないような相手に、「白米よりも玄米食べたほうがいいよ！」と言うのは、宗教の勧誘と同じ。つまり、迷惑であるし、理解に時間がかかるし（時には理解されないし）、やめたほうが無難。

自分に食事を選ぶ自由があるのと同じで、相手にだって好きなものを食べる自由がある。たまたま不健康なものを食べていても、普段は食生活に気を付けている人かもしれないし、体質はそれぞれ違います。

気軽に、相手の食生活に意見をしないこと。それは恋人にも友人にも共通する、一緒に楽しくご飯を食べるためのマナーです。

栄養不足と睡眠不足は人間の質を下げます。イライラしちゃうから。

幸せの形は人それぞれで他人がとやかく言うことではないですよね。

おごり・おごられ論争への最終回答

人それぞれでいいんじゃない。ただおごられる特別感が嬉しい

男性は女性におごるべきである。男性は女性よりちょっと多く支払うべきである。いやいや、女性も自分の食べた分は支払うべきである。男女関係なく、たくさん稼いでいるほうが支払うべきである……などなど、デートにおける「おごり・おごられ」論争は、とどまるところを知らず、定期的な炎上ネタになっていますが、これに対する私のファイナルアンサーは「人それぞれでいいんじゃない」です。

おごる、おごられるって稼ぎの額に関係なくて、本当に「気持ち」の問題だと思うのです。

私は、「ワリカンね！」となんのためらいもなく言ってのける男性は大嫌いですが、「ワリカンね」と言ってくれるほうが楽という男女がいるのは理解できます。ただ個人的には、アラサーの恋愛マーケットにおいて女におごらない男は、１００パーセントモテないと断言しておきます。彼らに足りないのはお金じゃない。誠意と気概です。

とあるモテモテ男性に、どんな女性が好きか聞いたところ、「取りわける仕草が素敵な女性」だという答えが返ってきました。取りわけるという行為自体ではなく、取りわけようと思った瞬間にさっと動ける気遣いと、取りわける時のたおやかな所作が魅力だとのこと。

この答えを聞いた時に、「ああ、おごる・おごられるっていうのもこういうことだよな」と思ったのです。

サラダなんて、誰だって取りわけられる。けれど、サラダがテーブルに置かれた瞬間にぱっと動ける人はかっこいい。それと同じで、デートの食事代なんて、払おうと思ったら自分で払うのは簡単なんです。

それでも、「女の子はお財布出さなくていいからね」と言ってもらうことが嬉しい。行為そのものではなくて、その裏にある気持ちの問題です。

おごり・おごられ論争が勃発すると、「男性におごられるのが当たり前だと思っている女は地獄に落ちればいい」なんていう極論も飛び出したりしますが、**おごるというのが当たり前じゃないからこそ、おごられたら特別に感じるんですよ。**だから、その特別なことを自然に出来る人がモテるのは当たり前。「なんで男が払わなくちゃいけないの？　その根拠なに？」なんて言ってる奴は、もはやレベルが違うのです。

お店の予約、日程のリマインド、送り迎えなども同じく。これらも「デートでいいとこを見せたい」とか、「もてなしたい」とか「目の前の女性に振り向いてほしい」と思ったら、テクニックうんぬんや、言われたからやるとかではなくて自然に気持ちから出来る行動のはず。

お金の大小ではなく、気持ちの大小がどう態度に出るか。そこを、女子は見ているのです。

そんなわけで私は、「おごってでもご飯を食べたい」と思ってくれてる男の人の「おごるよ」が好きなのです。**どっちが稼いでるかとか、男女平等がとか、そういうカテゴリの話じゃないんだよ！**

「自分がおごってでもご飯を食べたい人としかご飯を食べに行ったらダメ。時間の無駄」って、偉い人が言っていました。

食の記憶は愛

一緒に食べたものを覚えている人になりたい

日常のふとしたことに、思いがけない感動を覚えてしまうことがあって、例えば、思いもよらない人から仕事へのエールをもらったり、最近の記憶はあやふやな祖母が、私の小さい頃のことをまるで昨日のことのように話してくれたり、ソファで寝てたらいつのまにか家族が毛布をかけてくれたことだったり。

そんな瞬間に、自分でも予想外なくらい心の深い部分が動いてしまって、生きてるっていいな、愛されるってすごいことなんだな、なんて思って数秒くらい意識が彼方に飛ぶのですが、最近、涙腺《るいせん》が緩んだのは、恋人が一緒にデートで食べたご飯のことをつぶさに覚えてくれていた時。

初めてのデートは、ホテルの中華レストランで、前菜に出てきたエビの尻尾《しっぽ》が怖いと言ったら、君が取ってくれたとか、その日、レストランでうっかり駐車場のスタンプを押してもらうのを忘れて、もう一回お店に戻ったとか、2回目のデートは、深夜にここの個室に行ったけど、看板メニューがもう終わっていて、また絶対にここに来ようねと約束したとか、3回目のデートは、君を家に送っていく途中で、一緒にラーメン食べたよねとか。

ご飯というのは、一回一回丁寧にという理想はあるものの、毎日のことであるし、仲が深くなればなるほど一緒に食べるご飯の回数は増えて、一つひとつを記憶するのはいかんせん難しくなっていきます。

年をとると涙もろくなるってほんとですね。最近は、赤ちゃんを見るだけで泣けます…。

でも、そういう**小さいこと、毎日のことを特別に感じられる目と、記憶してくれる細やかさを持ってくれる人というのは、相手の心の深い部分を打つ人なのです。**

その細やかさが習慣になれば、結婚してからの奥さんの「いつもご飯作ってるのに『ありがとう』の一言も無い！」やら、「今日はちょっとソース工夫してみたのに、全然感想が無い！」やらの「あるある」的愚痴、&それに付随する夫婦喧嘩も華麗に解決できると思うのですが、どうでしょうか。

個人的な見解ですが、女性は、相手との最後のご飯は覚えているけれど最初のご飯は覚えていなくて、男性は最初のご飯のほうを覚えているように思います。

これは、男女が恋人になる時に、女性のほうが「とりあえず付き合ってみて

食べたものとあげたものを覚えていてくれる人はいい人です。

このシリーズ、「髪の毛切ったのに気付いてくれない！」もありますね。

から考えるか！」と、付き合いながら愛を深める傾向があるのに比べて、男性は、自分の中で愛を固めて「好きだ!!」が爆発してから付き合う傾向があるためだと思うのです。

つまり、女性のほうが付き合う時に、「これから付き合う」という意識が低くて、最初のデートを覚えていないということ。だから、男性なら相手との初めてのデート。女性なら、相手との最後のデートを覚えておくと、数年後「そんなことまで覚えているの？」と相手を感動させることが出来ます。とはいえ、女性の場合「最後のデート」を覚えていても感動させられるのは、つまり元彼。感動させてもしょうがないのですが。

なんにせよ、**「あの時こんなもの食べたよね」の思い出話は楽しく、感慨深いもの。**

相手と食べたものをぱっと思い出せる人間に、私はなりたい。

「あの時これ食べたなあ」っていう思い出がたくさんある人生って、なんだか愛おしいです。

おまけ

思い出のデートご飯in東京

デートで行ってファンになったお店を、デートの思い出と共にご紹介します。

TWO ROOMS GRILL | BAR（トゥールームス グリル&バー）@表参道

http://www.tworooms.jp/ja/

都会の中でリゾート気分にひたれる場所。テラス席、プール、ゆったりしたソファ……洗練された空気の中で、インターナショナルなメニューを味わえます。社会人になって、平日と休日の区別がくっきりとつくようになってから、「彼氏と週末に豪華なブランチ」というシチュエーションに憧れ、その小さな夢を実現するために、自ら予約。

その時はフォアグラフレンチトースト、シーザーサラダ、ステーキを頼み、そのボリュームに圧倒されました。ブランチだったら、２皿をお行儀よく分けるくらいでもよかったかも。特にサラダは、かなりビッグサイズです。フレンチトーストが2000円台なことに、彼氏と驚きつつも、「今、都会っぽいデートしてる！」と酔いしれました。あの頃は、金銭感覚もまだ大学生でした。

ぎおん 徳屋 原宿店 @原宿

http://www.united-arrows.jp/harajuku/womens/tokuya/

京都の祇園にある老舗の甘味処の支店です。京都市内の本店に以前、当時の彼氏と訪問したのですが、その時に食べたわらびもちには心から感動しました。わらびもちというと、普通は、きな粉まみれの四角くぷるぷるした物体を思い浮かべると思うのですが、ここのわらびもちは、シャリシャリの氷を中心に据えたお花形になっていて、ぷるぷるを通り越して「ふるふる」なのです。

お箸でどうにかこうにか持ち上げながら黒蜜ときな粉をお好みでかけて、口に入れると、これがもう、今までの「わらびもち」の概念を覆す美味しさ。粘り気のある食感がクセになります。

このわらびもちなら、何度でも食べたいと思ったけれど、京都に行く機会はそうそうあるものではありません。だからこそ、数年の時を経て、原宿に支店を見つけた時の嬉しさは、まるでずっと連絡が取れなかった友人と会う時のそれだったのです。

その頃にはもう、京都で一緒にわらびもちを食べた彼とはお別れしていました。3年半付き合って、結婚まで考えた彼とのお別れは、本当に苦しかったのですが、2度目のわらびもちを口に入れた瞬間に思い浮かべたのは、元彼ではなく、今の彼氏の顔。元彼とのことは長い間ひきずったので、やっと吹っ切れたんだな、と安心すると同時に、今一緒に過ごせる相手がいることに、感謝出来ました。美味しいものを食べた時に「これを一緒に食べたい」と思い浮かべる相手って、一番大事な相手だと思います。

GINZA 1954（ギンザ イチキュウゴウヨン）@新橋

http://tabelog.com/tokyo/A1301/A130103/13058303/

カツサンドという食べ物が大好きすぎます。豚カツも好きですが、それに輪をかけて好きなのが牛カツ。牛カツが美味しいと話題になっているお店は、必ずメモして、訪問するようにしています。

このお店の存在はネットニュースで知りましたが、お酒を飲まない私にとって、「バー」という場所はハードルが高く、行きたいという気持ちを抱えたまま、持て余し続けていました。彼もあまりお酒を飲まない人なので、「バーに誘うのもな……」と思っていましたが、ふとした時に、彼にここのことを話したら「いいじゃん、いいじゃん！　お酒飲まなくても、カツサンドだけ食べに行こうよ」とノリノリで連れて行ってくれることに。

ところが、牛カツは、少し勇気がいるお値段なことが判明。ケチな私が躊躇していると、彼が「これ食べに来たんでしょ？　じゃあ食べよう」と注文してくれました。ゴールが目の前にあるにもかかわらず、値段というみみっちいことで折れてしまう私に比べ、「経験にはお金を払う」という主義の彼は、ものすごくお金から自由で、そこを尊敬しています。稼ぐ額ではなく、人生においての選択基準が「お金」になっていない人が、私は好きみたいです。自分だけだとつい、安上がりの選択をしてしまうので。特にお金に困っているわけでもないし、たまの贅沢くらい、ぱーっと楽しめばいいのに「自分にこんなにお金をかけていいんだろうか」ともったいながるクセがついているみたい。ただの臆病者ですが。

奮発して食べた牛カツサンドはもちろんものすごく美味しくて、私の中の「ベスト牛カツサンド」になりました。衝撃的なお肉の柔らかさ。この味を体験できたことに感謝です。ちなみにここのエビカツサンドも豚カツサンドも絶品です。もはやここのバー、カツサンド屋さんになってほしい……。

MAX BRENNER CHOCOLATE BAR（マックスブレナー チョコレートバー）広尾プラザ店@広尾

http://maxbrenner.co.jp/

甘いものは、女子と一緒に食べても美味しいのですが、男性と食べるほうが、記憶に残る気がします。おそらく、お互いの全人生を比べた時に「甘いものを外で楽しむ」という行為においては、男性よりも女性のほうが経験値が高いため、普段は男性がデートの主導権を握るカップルでも、甘いものを食べる時は、女性側が主導権を握り、あれこれとレクチャーすることになると思うのです。その新鮮さが、たぶんいいんですよね。

ここの、名物であるマシュマロが一面に敷き詰められた「チョコレートチャンクピザ」は甘いもの好きの、しかもチョコレートが一番好きだという彼氏をして「この世にこんなに美味しいデザートがあるのか」と言わしめました。その瞬間、「若い女にうまいものを教えてちょっと悦にいるおじさん」の気持ち良さがちょっとわかった気がしました。

東京だと、広尾店のほうが表参道店よりも混雑が少なくてオススメです。

MERCER BRUNCH（マーサーブランチ）@六本木

http://tabelog.com/tokyo/A1307/A130701/13149710/

付き合う彼氏との共通の趣味はたいてい「食べ歩き」なので（その理由は私が食べること以外に興味が無いからなのですが）、お互いに美味しいと思う料理をジャンルで分けて、ランキングにして、お互いの「1位」を交互に食べに行くという遊びをしたりします。

年上でしかもかなりエンゲル係数の高い人生を送ってきた超グルメな彼が出すリストの中には、情報源がネットに偏っている私がこれまでノーマークだったお店が多くて面白いです。

私が「間違いなくここが1位」というお店も彼からは「こんなの雑誌によく出るだけで、ミーハー好きの店じゃん」とあっさり否定されるなど、意見が分かれることもしばしばありますが、そんな中、「フレンチトースト」というジャンルでは、圧倒的に私が勝利。そもそも、彼は「フレンチトースト」のお気に入り店を持っていなかったので、不戦勝なのですが、それでも「うまい！」と唸る彼を見て、得意になれて、嬉しかったです。

カドはカリッ、中はとろとろのこの見事なフレンチトーストを食べながら店内の暖炉を眺めていると、時間が飛ぶように過ぎていきます。

銀座しまだ@新橋

http://tabelog.com/tokyo/A1301/A130101/13136359/

私の立ち食いヴァージンを奪ったお店。なんとなく落ち着かない気がする、というだけの理由ですが「立ち食い」形式のお店には、それまでものすごく抵抗があったのです。けれど、このお店の評判はかねがね友人から耳にしていて、たとえ立ち食いでも是非行ってみたいと思っていました。そして、こういう初めての体験をする時に、頼りになるのはやっぱり彼氏。早い時間に行ったのですが、すでにお店は満員で、彼と一緒にしりとりをしながら待ちました。けれど、立ち食いのおかげで、長居するお客さんも少なく、40分ほどで入店。

何を食べても本当に美味しくて、味のレベルの高さとコストパフォーマンスのよさに、完全にノックアウトされました。私の選ぶここのナンバーワンは中がレアなとろける牛カツ。彼のナンバーワンは、お蕎麦が見えなくなるまでからすみがかかったからすみ蕎麦です。

お店が狭く、密着感があるので、食後には心の距離まで縮まったように感じられるかもしれません（予約をすれば、テーブル席〈４名〉も使えるとのこと）。

入船寿司（いりふねずし）@奥沢

http://tabelog.com/tokyo/A1317/A131711/13003244/

彼氏はこのお店に12年も通っていて、気合をいれたい時や臨時収入があった時は、ここで「鮪《まぐろ》づくし丼」を必ず食べるそうです。ここの大将は彼が行く時、必ず「まぐろは美味しいよねえ」と言ってくれるそうなのですが、私と一緒に訪問した時、カウンターで私が「どうしても穴子が食べたい」というと「穴子も美味しいよ」と言ってくれました。

彼は大将が「まぐろは美味しいよねえ」以外のセリフを喋るのを初めて聞いたらしく「今日はそのインパクトが強すぎて味がわからなかった」と。こんな小さなことが、思い出に残ったりしますね。今でも「いやー、お前を連れて行ったから、大将がまぐろ以外をオススメするところ見れたわ」とたまに、彼が話題にします。

「鮪づくし丼」、お値段はかなり贅沢ですが、私がこれまでの人生で食べたまぐろの中では一番美味しかったです。

次に臨時収入が入ったら絶対に行くと心に決めているのですが、あれ以来行けていません。

六厘舎（ろくりんしゃ）羽田空港店（出国ロビー内）@羽田空港

http://rokurinsha.com/

以前の私はラーメンという食べ物にそんなに関心が無く、食べる頻度は年間に3回程度でした。そんな私が、ラーメン大好きな彼氏と付き合うことにより、ラーメンに開眼。

それまで避けてきた分、のめり込み方が激しく、一番ハマった時期は、一日2食がラーメンでも平気でした。こちらの有名店は行列で有名で、30分以上並ぶ覚悟が無いと食べられませんが、羽田空港の中なら、並ばずに食べられるのでオススメです。

フードコートなので、味が落ちるというクチコミもネット上に散見しますが、フードコートでこの味が食べられることにむしろ驚きと嬉しさを感じます。しかも24時間営業です。

コルシカ@恵比寿

http://tabelog.com/tokyo/A1303/A130302/13003180/

40年以上続いている歴史あるお店で、その歴史にふさわしく、外観もレトロな雰囲気が漂っています。私一人ならおそらく、入店しないまま人生を終えていたと思うのですが、彼氏がこの常連だということで、一緒に何度も食べに行きました。

彼氏が頼むものはいつも決まっていて、生ハムメロン、イイダコのトマトソース煮、ビーフストロガノフの３つです。「美味しい」と思ったら、あまり冒険をしない彼と、同じ店の別のメニューを次々頼みたい私。その日頼んだものがアタリだと褒められますが、ハズレだと「だから言ったでしょ」と猛抗議を受ける……。でも、そんなやりとりも、記憶に残って後から思い出して微笑《ほほえ》んでしまったり。

私が、ビーフストロガノフというお料理の美味しさに目覚めたのも、このお店のおかげ。ここでハマって以来、いろいろなお店で見つけるたびに頼んでいますが、今のところ、マイベストビーフストロガノフはここということで、揺るぎません。

TGI FRIDAYS（ティージーアイ フライデーズ）渋谷神南店@渋谷

http://www.tgifridays.co.jp/

TGI FRIDAYSって、金曜の夜に、日本在住の外国人がお酒を飲むか、大学生が使うお店でしょ？　と勝手に思っていたのですが、優待券をもらったので、彼と二人で行ってみました。これが大当たり。期待していなかった分、予想をはるかに超えた美味しさに加えて、店内の雰囲気が、楽しい。スタッフもご機嫌な方が多く、お店の中が、元気です。

何度か通って、いろいろメニューを頼んだ結果、「ケイジャンフライドチキンサラダ」を絶対にハニーマスタードドレッシングで頼み、サラダを奪い合った後、「ベイビーバックリブ」の奪い合いに突入するのが、毎回の流れです。

こうやって、決まった場所で決まったものを食べるという行為も、長年付き合ったカップルの証という感じがして、また嬉しい。

おわりに ～無駄を極める人が、恋愛を極められる人～

ある時、「不食」というご飯を一切食べないで生きている人の本を読んだところ、「食事をやめると、すごくヒマになる」と書かれていて、衝撃を受けました。

「食事をやめると……ヒマになる」

確かに、その通りなのです。言われてみると、私たちは、一日のうちのどれだけの時間を「ご飯」に費やしているかわかりません。朝ご飯を食べながら昼ご飯のメニューと、一緒に食べるメンバーを考え始め、昼ご飯が終わった途端に、夜ご飯のお店を食べログで検索し始め、頃合いを見計らって予約を取り、今度はレストランに着ていくお洋服を考え始める。ご飯に行けば、今度はメニュー選びに時間をかけて、それ以上に時間をかけてご飯を食べ、食後は場所を変えて、お酒を片手にお喋りをする……。

家で食べるなら食べるで、買い物に行き、料理をして、後片付けをして……と、レストランで食べるにせよ、家で食べるにせよ、手間も時間も半端ではありません。

この全てがご飯を食べなくなったら、不要になるわけです。つまり、ご飯を食べなくなれば他のことをする時間が圧倒的に増えて、人生をもっと効率よく使えるということ。

恋愛も同じように、時間を食うものです。相手を見つけ、口説いて、連絡を取り合って、関係を維持する。価値観の違いを乗り越え、時には喧嘩もしながら、それでも「一緒にいる」ために、お互いがお互いのためにに努力をする。このためめに、物理的にも心理的にも、気が遠くなるほど、膨大なパワーを使わなければなりません。

「効率のよい人生」を送ることを考えれば、ご飯も恋愛も、排除したほうがよいのです。でも、そうではないことを私たちは知っています。ご飯は、ただの栄養補給ではなく、恋愛もただの生殖行為へのステップではない。もっともっと、意味あるものです。時には、これのために生きている、という人生の目的ですらあるでしょう。

最近では、「結婚はコスパが悪い」という雑誌の見出しが話題を呼びましたが、結婚や恋愛は確かにコスパが悪いのです。けれど、そのコスパの悪さを楽しむのが、恋愛や結婚の醍醐味でもあります。それを私たちはそれぞれの人生から学び取っているからこそ、恋愛や結婚が無い人生ではなく、たとえ大変でも、それらがある人生を選ぶのではないでしょうか。効率やコスパを突き詰めれば突き詰めるほど、人生は味気なくなっていきます。逆に言えば、人生を充実させたければ、一見無駄だと思う何かを、とことん追い求めていけばよいのかもしれません。ご飯や恋愛は、「人生は無駄なものがあってこそ、面白い。むしろその無駄なものの中に醍醐味がある」という本質的なことを教えてくれているのです。

この本だって、読めばお金が儲《もう》かるわけでも、ダイエットがうまくいくわけでもなく、人生においては読まなくてもいい、無駄な本かもしれません。けれど、その無駄を、この際とことん楽しんでやろうじゃないかと思ってくれる人には、楽しんでもらえる本だと思います。

私は、恋愛は、楽しくご飯を食べられる相手を見つけること、そして結婚は、一生一緒にご飯を食べる約束だと思っています。

この本を読んでくれたあなたのご飯相手探しが楽しいものであることを祈っています。その際に、この本が何かの助けになれば、嬉しく思います。

ブックデザイン　山本知香子

本書は、幻冬舎plus（http://www.gentosha.jp/）に連載された「東京いい店やられる店」に書きおろしを加え、再構成しました。

はあちゅう

1986年生まれ。慶應義塾大学法学部政治学科卒業。在学中にブログを使って、「クリスマスまでに彼氏をつくる」「世界一周をタダでする」などのプロジェクトを行い、カリスマ女子大生ブロガーとして活躍。電通、トレンダーズを経てフリーに。著書に『半径5メートルの野望』(講談社)、『恋愛炎上主義。』(ポプラ社)、『自分の強みをつくる』(ディスカヴァー・トゥエンティワン)、『わたしは、なぜタダで70日間世界一周できたのか?』(幻冬舎文庫)、『無所属女子の外交術』(監修、KADOKAWA)などがある。

はあちゅうオフィシャルブログ　http://lineblog.me/ha_chu
ツイッター　@ha_chu

かわいくおごられて気持ちよくおごる方法

２０１５年12月10日　第１刷発行

著者　はあちゅう
発行者　見城　徹
発行所　株式会社　幻冬舎
〒１５１-００５１　東京都渋谷区千駄ヶ谷４-９-７
電話　０３（５４１１）６２１１（編集）
　　　０３（５４１１）６２２２（営業）
振替　００１２０-８-７６７６４３
印刷・製本所　図書印刷株式会社

検印廃止

万一、落丁乱丁のある場合は送料小社負担でお取替致します。小社宛にお送り下さい。本書の一部あるいは全部を無断で複写複製することは、法律で認められた場合を除き、著作権の侵害となります。定価はカバーに表示してあります。

©HA-CHU, GENTOSHA 2015
Printed in Japan

ISBN978-4-344-02863-0　C0095
幻冬舎ホームページアドレス　http://www.gentosha.co.jp/
この本に関するご意見・ご感想をメールでお寄せいただく場合は、comment@gentosha.co.jp まで。